Heinrich Bauregger

DIE SCHÖNSTEN
GIPFELZIELE
IN DEN BERCHTESGADENER ALPEN

südwest

Inhalt

Tipps für unterwegs 6

1 Salzburger Hochthron 12
2 Berchtesgadener Hochthron 14
3 Karkopf 16
4 Toter Mann 18
5 Hoher Göll 20
6 Hohes Brett 22
7 Jenner 24
8 Schneibstein 26
9 Großes Teufelshorn 28
10 Großes & Kleines Häuselhorn 30
11 Stadelhorn 32
12 Hochkalter 34
13 Kühkranz 36
14 Seehorn 38
15 Grünstein 40
16 Watzmann 42
17 Großer Hundstod 46
18 Breithorn 48
19 Schönfeldspitze 50
20 Hochkönig 52

Das Kirchlein St. Bartholomä ist Ausgangspunkt für die Watzmann-Ostwand und für Bergtouren in das Steinerne Meer.

INHALT

Kärlingerhaus mit Schottmalhorn.

WEITERE GIPFELZIELE IN KÜRZE
... MIT DER BERGBAHN

21	Geiereck	54
22	Predigtstuhl	54
23	Jenner	54
24	Toter Mann	55

... ZU FUSS

25	Kneifelspitze	55
26	Barmsteine	56
27	Zinkenkopf	56
28	Kehlstein	56
29	Vogelspitz	56
30	Weitschartenkopf	57
31	Großer Bruder	57
32	Wagendrischelhorn	57
33	Litzlkogel	58
34	Großes Hundshorn	58
35	Schärtenspitze	58
36	Kammerlinghorn	59
37	Persailhorn	59
38	Hochseiler	60
39	Taghaube	60
40	Viehkogel	60
41	Funtenseetauern	61
42	Kahlersberg	61

Register	62
Impressum	63
Tourenübersicht	64

Die Reiter Alm von Westen gesehen mit den Drei Brüdern.

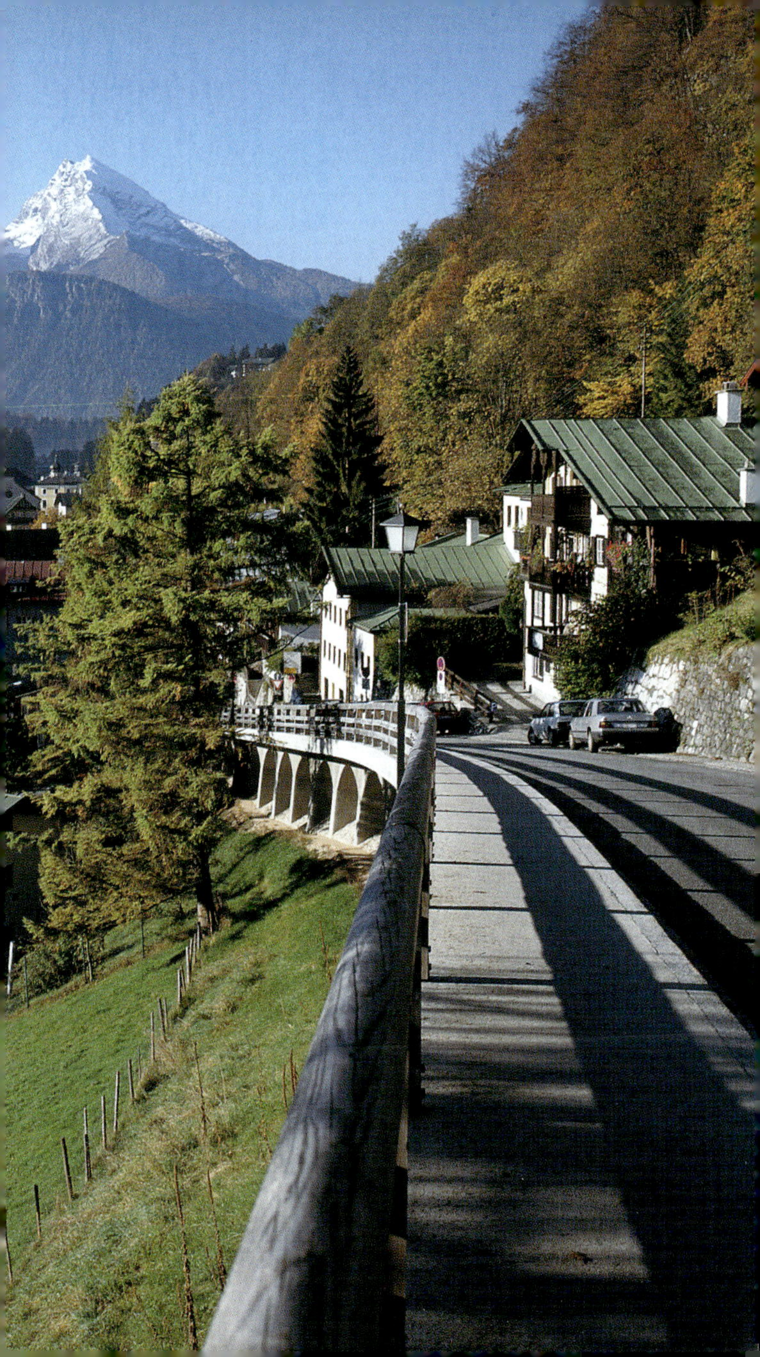

Tipps für unterwegs

Die Berchtesgadener Alpen weisen die unterschiedlichsten Facetten auf: Vom Hochgebirge bis zu Voralpenbergen reicht die Palette.

In diesem Band werden alle wichtigen Gipfelziele in den beliebten und attraktiven Berchtesgadener Alpen vorgestellt. 20 Gipfel werden dabei ausführlich, weitere 22 mit den wichtigsten Angaben beschrieben.

Alle empfohlenen Routen stellen Normalwege dar, d. h. jeweils die leichteste bzw. schönste Wegstrecke.

Für diejenigen, die nicht mehr so gut zu Fuß oder in Eile sind, werden einige schnelle Seilbahngipfel vorgestellt: Gipfel, bei denen sich die Bergstation gleich in Gipfelnähe befindet und die zu einer Wanderung bergab einladen, oder Gipfel, bei denen die Tour durch diese Aufstiegshilfe wesentlich erleichtert wird.

Anfahrt

Das Zentrum der Berchtesgadener Alpen, der Markt Berchtesgaden, ist mit dem Pkw über die Salzburger Autobahn (Ausfahrt Siegsdorf, Bad Reichenhall oder Salzburg Süd) bzw. auf den gut ausgebauten Bundesstraßen (B 306, B 305, B 20) schnell erreichbar. Wer die Gipfel auf der österreichischen Seite ansteuern will, fährt über Lofer bzw. über Werfen dorthin. Bad Reichenhall und Berchtesgaden sind relativ gut versorgte

Blick vom Zeppezauerhaus auf die Chiemgauer Alpen.

TIPPS FÜR UNTERWEGS

Bahnstationen. Von dort fahren – vor allem in den Sommermonaten – RVO-Busse zu den wichtigsten Ausgangspunkten der vorgeschlagenen Touren.

Anforderungen

Die Routen der in diesem Führer vorgestellten Bergtouren führen über gut instand gehaltene Wege und Steige; sie sind in der Regel ausgeschildert bzw. markiert. Einige der Routen erfordern jedoch Trittsicherheit und Schwindelfreiheit. Zur besseren Einschätzung der Anforderungen hat jede Tour eine Schwierigkeitsbewertung. Siehe dazu auch die Tourenübersicht auf Seite 64.

Gehzeiten und Höhenmeter

Die angegebenen Gehzeiten verstehen sich ohne Pausen, sind aber gut bemessen. Als Grundregel gilt: vier Kilometer pro Stunde in der Ebene, 400 Höhenmeter im Anstieg. Die angegebenen Höhenmeter (Hm) beziehen sich auf den Höhenunterschied zwischen Ausgangspunkt und Wanderziel.

Ausrüstung

Dazu gehören feste Schuhe mit Profilgummisohle, die vor allem dem Knöchel einen guten Halt geben müssen (so genannte Trekkingschuhe), sowie ein Rucksack mit Kleidung zum Wechseln, Regenschutz und Proviant (Trinkflasche). Ferner ein Erste-Hilfe-Set sowie eine Trillerpfeife für die Signalgebung, falls man einmal in Bergnot geraten sollte. Mittlerweile hat sich auch das Mitführen von Handys eingebürgert.

Zu Beginn des Anstiegswegs auf den Hochkönig (siehe Tour 20).

Kartenmaterial

Am genauesten sind die Topographischen Blätter des Bayerischen Landesvermessungsamtes (BLVA).
Alle in diesem Buch vorgeschlagenen Touren können mit folgendem Blatt im Maßstab 1:50.000 abgedeckt werden: »Berchtesgadener Alpen«.

Unterkunft

In den Berchtesgadener Alpen gibt es allein 15 Alpenvereinshütten und darüber hinaus zahlreiche Privathütten, die Einkehr- und Unterkunftsmöglichkeiten bieten. Bei jeder Tour wird auf diese Hütten mit den nötigen Angaben verwiesen.
Einige Tipps für das Übernachten auf Hütten: Die Benutzung der Hütten ist nicht an eine Mitgliedschaft in einem der alpinen Vereine gebunden, jedoch erhalten Mitglieder Vergünstigungen (z. B. reduzierter Übernachtungspreis, Vorrecht auf Schlafplatz,

Bergsteigeressen, Teewasser etc.). Angeboten werden Mehrbettlager und Zimmer mit Etagenbetten. Vorausbestellungen für Nichtmitglieder sind unzulässig. Zwischen den meisten alpinen Vereinen besteht Gegenrecht, d. h., die Vergünstigungen werden auch den Mitgliedern der anderen Vereine eingeräumt.

● Öffnungszeiten

In der vorderen und hinteren Umschlagseite finden Sie eine Übersicht der bei allen Tourenvorschlägen berührten Hütten und bewirtschafteten Almen mit den entsprechenden Öffnungszeiten.

Sollten Sie in den Übergangszeiten unterwegs sein wollen (also frühes Frühjahr oder Herbst), empfiehlt es sich, bei den Hütten selbst (Telefonnummern sind bei jeder Tourenbeschreibung angegeben), bei den alpinen Auskunftsstellen oder bei den Fremdenverkehrsämtern anzufragen. Manche Hütten und Almen haben auch Ruhetage, an denen dann auch nicht übernachtet werden kann. Bei Sektionstreffen auf den Hütten besteht auch in der Hauptsaison kein Anspruch auf eine Übernachtung.

● Hüttenregeln

Diese Umgangsregeln gelten nicht nur für die Alpenvereinshütten, sie finden üblicherweise auch auf den Privathütten und auf Übernachtungsalmen Anwendung.

● Hüttenruhe ist um 22 Uhr.

● Das Übernachten auf den Alpenvereinshütten ist nur mit Hüttenschlafsack gestattet. Dieser kann auch auf den Hütten erworben werden.

● Frühstück gibt es in der Regel ab 7.30 Uhr.

● Die Mittagessenszeiten sind variabel, in der Regel werden warme Gerichte zwischen 11.30 und 14 Uhr, auf manchen Hütten auch durchgehend angeboten. Warme Suppen und Brotzeiten gibt es meistens den ganzen Tag über.

● Abendessen wird zwischen 17 und 19 Uhr angeboten, in einigen Hütten auch bis 20 Uhr.

● Der Verzehr mitgebrachter Speisen ist in den Alpenvereinshütten der Kategorie I und II gestattet, der Genuss von mitgebrachten Alkoholika jedoch nicht.

● Auf manchen der privaten Hütten und auf den Almen ist Selbstversorgung nicht gestattet, obwohl hierbei die Auslegung nicht so eng ist.

● Manche Hütten bieten einen Gepäcktransport an. Anruf bei der Hütte erforderlich.

● In den Alpenvereinshütten liegt ein Hüttenbuch aus. Tragen Sie sich ein, besonders wenn Sie alleine unterwegs sind. Bei der Suche nach Vermissten können die gemachten Angaben eine wichtige Hilfe sein.

Informationen
Alpine Auskunftsstelle des Deutschen Alpenvereins:
Praterinsel 5, 80538 München,
Tel. 0 89/29 49 40 (z. B. für Hüttenöffnungszeiten).
Bergwetterdienst: Tel. 0 89/29 50 70.
Alpenwetterbericht (allgemein):
Tel. 01 90/11 60 11.
Internet: www.alpenverein.de.

Aufgrund der intensiven Almwirtschaft in den Berchtesgadener Alpen bietet sich unterwegs oft eine Erfrischungsmöglichkeit an.

Alpines Notsignal

Innerhalb einer Minute wird sechsmal in regelmäßigen Abständen mit einer Minute Unterbrechung ein hörbares oder auch sichtbares Zeichen gegeben (Pfeifen/Blinken). Der Empfänger antwortet dann mit dreimaliger Zeichengebung in der Minute.

Der allgemeine Notruf (mittlerweile für die gesamten Alpen) ist 112. Bergrettung Deutschland: Tel. 1 92 22, Österreich: Tel. 140.

Abkürzungen und Symbole

AV	= Alpenverein
B.	= Betten
BLVA	= Bayerisches Landesvermessungsamt
Hm	= Höhenmeter
L.	= Lager
P	= Parkplatz
Std.	= Stunde(n)
->	= Richtungspfeil
^	= Gipfel
O, W, S, N	= Himmelsrichtungen
WW	= Wegweiser
⌇	= Anforderung

Bergbahnen

Alle bei den vorgestellten Touren mit einbezogenen Bergbahnen (Jennerbahn, Untersbergbahn, Predigtstuhlbahn, Hirscheck-Sesselbahn), die vorwiegend für den Wintersport erbaut wurden, sind in der Regel ganzjährig in Betrieb. In den Übergangszeiten (Nov./Dez. und nach der Schneeschmelze) muss wegen Revisionsarbeiten bzw. zu geringer Auslastung mit ihrem Stillstand gerechnet werden.

Ein wuchtiges Gipfelkreuz schmückt das Geiereck auf dem Untersberg.

Die Berchtesgadener Alpen reichen in ihren westlichen, südlichen und östlichen Rändern über die Landesgrenze hinaus ins Salzburger Land. Der höchste Gipfel dieser Gebirgsgruppe, der Hochkönig, liegt gänzlich auf österreichischem Boden. Deutschlands zweithöchster Berg dagegen, der Watzmann, befindet sich in zentraler Lage und stellt das alpinistische Highlight mit allen Möglichkeiten für Wanderer, Bergsteiger und Kletterer dar. Alle wichtigen Gipfel sind auch für den Normalbergsteiger zugänglich. Die abwechslungsreiche und kompakte Gebirgsgruppe weist neun eigenständige, z. T. gänzlich unterschiedliche Gebirgsstöcke auf: Untersberg, Lattengebirge, Reiter Alm, Göllstock, Watzmannstock, Hochkaltergebirge, Gotzenberge und Hagengebirge, Röth und Steinernes Meer und der Hochkönigstock.

Die südlichen Berchtesgadener Alpen bei Maria Alm: Persailhorn, Breithorn und Schönfeldspitze.

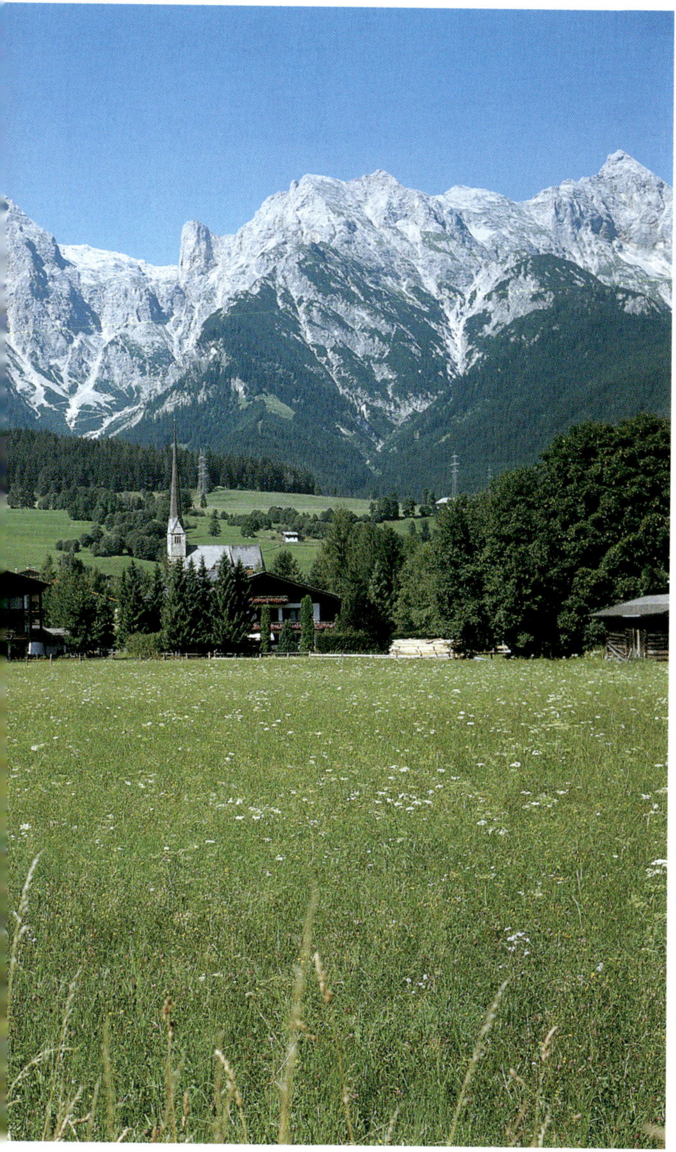

1 Salzburger Hochthron (1853 m)

Ein kühles Höhlenabenteuer und ein luftiger Gipfelweg
Mittel; 7 1/2 Std.; 1373 Hm im Auf- wie im Abstieg

Der Sage nach sollen sich Karl der Große und Kaiser Friedrich Barbarossa samt Hofstaat im höhlenreichen Untersberg eingerichtet haben. Davon ist zwar heute nichts mehr zu sehen, wer sich jedoch den Salzburger Hochthron als Ziel vornimmt, sollte sich den Abstecher zur größten Eishöhle Deutschlands nicht entgehen lassen. Neben diesem Einblick ins Innenleben des Untersbergs stellt aber auch der weitere Anstieg zum Gipfel über den Thomas-Eder-Steig durch die Südwand ein weiteres hochkarätiges Erlebnis dar.

> **Wissenswertes**
> **Talort/Ausgangspunkt** Marktschellenberg (477 m). Pkw-Anfahrt: Salzburger Autobahn bis Ausfahrt Salzburg Süd und weiter in Richtung Marktschellenberg bis zum Wanderparkplatz am Paßthurm (480 m). Bahn/Bus: Bahn bis Berchtesgaden-Bahnhof, dann RVO-Bus bis zum Wanderparkplatz kurz hinter Marktschellenberg (Busverbindung auch bis zur Talstation der Untersbergbahn).
> **Schwierigkeit** Der Aufstieg über den gut gesicherten Thomas-Eder-Steig (Felstunnels und Treppen) erfordert Trittsicherheit und Schwindelfreiheit, der Rest ist leichtes Bergwandergebiet; für die Eishöhle warme Kleidung mitnehmen.
> **Gehzeiten** Paßthurm – Toni-Lenz-Hütte 3 Std., Anstieg zum Salzburger Hochthron über den Thomas-Eder-Steig 1 1/2 Std., Abstieg zum Parkplatz 3 Std.; Gesamtgehzeit: 7 1/2 Std.
> **Einkehr/Übernachtung** Toni-Lenz-Hütte (1450 m, Verein für Höhlenkunde, bewirtschaftet von Ende Mai bis Mitte Oktober, 12 B., Tel. 01 61/1 81 59 87; evtl. Zeppezauerhaus (1664 m) oder Einkehr in der Bergstation der Untersbergbahn.
> **Karte** Berchtesgadener Alpen 1 : 50 000 (BLVA).

Vom Paßthurm aus zur Toni-Lenz-Hütte Vom Parkplatz am Paßthurm auf breitem Weg (Weg-Nr. 463) bald durch Wald und oberhalb des Rothmannbaches hinauf zum verfallenen Bachkaser. Dort rechts weiter auf gut ausgebautem Weg zur ehemaligen Jagdhütte Mitterkaser. Bald sind wir jenseits der Bewaldung und genießen den freien Blick. Über latschengesäumte Serpentinen geht es schließlich im Endspurt hinauf zur aussichtsreich gelegenen Toni-Lenz-Hütte des Salzburger Höhlenvereins.

Abstieg zur größten Eishöhle Deutschlands Auf gutem Steig weiter Richtung Mittagscharte, bis nach einer Viertelstunde das Hinweisschild und der Eingang zur Eishöhle (1570 m) erreicht ist. Ein kurzer Abstecher bringt uns nach rechts oberhalb des Anstiegswegs.

SALZBURGER HOCHTHRON

Die Toni-Lenz-Hütte ist ein wichtiger Stützpunkt am Anstiegsweg.

Anstieg zum Salzburger Hochthron
Dann weiter auf dem interessanten und gut gesicherten Thomas-Eder-Steig, der uns durch Felstunnels mit unvermittelten Guckfenstern und über zahlreiche Stufen durch die steil abbrechende Felswand hinauf zur Mittagscharte führt.
Dort halten wir uns rechts und treffen auf eine Wegverzweigung (links geht es zum Stöhrhaus, rechts hinauf zum Salzburger Hochthron). In einer knappen Stunde steigen wir durch die steile und schrofige Flanke hinauf zur Untersberg-Hochfläche und zuletzt durch Latschen und wellige Einsenkungen zum Gipfelkreuz des Salzburger Hochthrons.

UNSER TIPP!
Die Schellenberger Eishöhle ist nur eine von über 100 zugänglichen Höhlen in diesem Bergmassiv. Sie ist jedoch die größte ihrer Art in Deutschland und seit 1925 als Schauhöhle zugänglich.
Von Pfingsten bis Ende Oktober kann sie täglich besichtigt werden. Zwischen 10 und 16 Uhr werden stündlich Führungen durchgeführt. Sammelplatz ist am Höhleneingang; warme Bekleidung empfehlenswert.

2 Berchtesgadener Hochthron (1972 m)

Auf eine Aussichtskanzel über der Untersberg-Südwand
Leicht; 5 1/2 Std.; 1192 Hm im Anstieg

Wissenswertes

Talort/Ausgangspunkt Berchtesgaden (572 m). Pkw-Anfahrt: Salzburger Autobahn bis Ausfahrt Bad Reichenhall, über Bad Reichenhall nach Bischofswiesen, dort links hinauf nach Maria Gern bzw. Hintergern (790 m); Parkplatz. Bahn/Bus: Bahn bis Berchtesgaden, dann mit RVO-Bus nach Hintergern.
Schwierigkeit Leichter Wanderweg zum Stöhrhaus, guter Bergsteig zum Gipfel; keine ausgesetzten Stellen, am Gipfel jedoch Vorsicht; für den Abstieg über den Scheibenkaser ist Trittsicherheit aber erforderlich.
Gehzeiten Hintergern – Stöhrhaus 3 Std., Gipfelabstecher 1/2 Std., Abstieg auf dem Anstiegsweg 2 Std., Abstieg über den Scheibenkaser nach Ettenberg 2 Std., Übergang nach Hintergern 1 Std.; Gesamtgehzeit: 5 1/2 Std. bzw. 6 1/2 Std.
Einkehr/Übernachtung Stöhrhaus (1894 m, AV-Haus, bewirtschaftet von Ende Mai bis Mitte Oktober, 16 B., 66 L., Tel. 0 86 52/72 33); Scheibenkaser (1540 m, privat, im Sommer einfach bewirtschaftet).
Karte Berchtesgadener Alpen 1 : 50 000 (BLVA).

Die Untersberg-Südwand vom Stöhrweg aus gesehen.

Der Berchtesgadener Hochthron ist mit seinen knapp 2000 Metern Höhe die größte Erhebung des gesamten Untersbergstocks, der sich durch ein gewaltiges, verkarstetes Hochplateau auszeichnet. Nach Süden bricht er mit beeindruckenden Wänden ab und stellt ein Dorado für Kletterer dar. Knapp unterhalb des Gipfels liegt das in den Jahren 1898 bis 1900 erbaute Stöhrhaus, das einen idealen Stützpunkt für die gesamte Überschreitung des Massivs darstellt. Von ihm sind es nur wenige Minuten hinauf zum höchsten, mit einem Gipfelkreuz geschmückten Punkt.

Der kürzeste Anstieg erfolgt dabei von Hintergern. Wer noch weitere Abwechslung sucht, nimmt als Abstiegsweg die Route über den Scheibenkaser und kehrt über die Theresienklause zum Ausgangspunkt zurück.

Anstieg zum Stöhrhaus Vom Parkplatz beim Gasthaus Theresienklause bis zur Straßenverzweigung, dann links wei-

BERCHTESGADENER HOCHTHRON

ter auf Fahrweg (Weg-Nr. 417) zum Nußhof und links auf Steig durch Wald hinauf zum Stöhrweg. Auf diesem rechts unter Felswänden entlang, dann in Serpentinen hinauf zum so genannten Leiterl. Dort rechts weiter durch Latschenhänge zum Stöhrhaus.
Vom Stöhrhaus zum Berchtesgadener Hochthron Wir folgen dem Höhenweg mit der Ausschilderung zur Mittagscharte bzw. zum Salzburger Hochthron (Weg-Nr. 410), zweigen nach einer Viertelstunde von diesem ab und nehmen die letzten Meter zum Gipfel.
Abstieg über den Scheibenkaser Auf dem Anstiegsweg zurück zum Stöhrhaus und zum Leiterl, dort jedoch nun scharf links, wo wir dem Weg mit der Nummer 466 folgen. Unter den Untersberg-Südwänden entlang erreichen wir in leichtem Gefälle den Scheibenkaser (1440 m). Unser Weg führt nun über die Bergwiesen hinab in den Wald und trifft auf einen Fahrweg. Dieser bringt uns durch den Ludlgraben hinunter zur Straße nach Ettenberg. Wir folgen ihr ein Stück nach rechts, bis wiederum rechts der Steig abzweigt, der uns über die Theresienklause hinüber nach Hintergern leitet.

UNSER TIPP!

An unserem Ausgangspunkt befindet sich die Wallfahrtskirche Maria Gern. Sie gilt mit ihrem ovalen Grundriss und der Rokokoausstattung als eine der schönsten Kirchen im gesamten Berchtesgadener Land.

Blick über das Stöhrhaus hinweg auf das Lattengebirge.

3 Karkopf (1738 m)

Auf die höchste Erhebung des Lattengebirges mit Vogelschau auf Bad Reichenhall
Mittel; 7 1/2 Std.; 1265 Hm im Anstieg

Der Karkopf ist eine relativ unspektakuläre Erhebung auf dem langen Grat, der sich vom Dreisesselberg zum Vogelspitz zieht, jedoch kann er den Anspruch geltend machen, der höchste Gipfel des dicht bewaldeten Lattengebirges zu sein. Der benachbarte Dreisesselberg – den wir auf unserer Tour ebenfalls berühren – erinnert daran, dass sich hier bis ins 19. Jahrhundert drei Herrschaftsgrenzen berührten: die von Bayern, Salzburg und Berchtesgaden.

Über den Waxriessteig zum Karkopf

Vom Parkplatz an der alten Jettenberger Straße weisen uns ein Schild und die Markierung 478 den richtigen Weg. Zunächst durch Wald, bald über ein Brückerl, dann in steilen Serpentinen bergan. Später öffnen sich reizvolle Tiefblicke auf Bad Reichenhall. Der Steig wendet sich allmählich in Richtung Westen, schwenkt beim so genannten Gatterl (1267 m) in Richtung Süden und führt dann nahezu eben hinüber zur Unteren Schlegelalm (1300 m, schöner Rastplatz).

> **Wissenswertes**
>
> **Talort/Ausgangspunkt** Bad Reichenhall (473 m). Pkw-Anfahrt: Salzburger Autobahn bis Ausfahrt Bad Reichenhall, dann auf der Umgehungsstraße seitlich an der Kurstadt vorbei bis Kirchberg; 500 m nach der Bahnstation auf der linken Seite Parkplatz an der alten Jettenberger Straße (500 m). Bahn/Bus: Mit der Bahn bzw. dem Bahnbus bis Haltestelle Bad Reichenhall-Kirchberg.
>
> **Schwierigkeit** Der Waxriessteig ist steil und erfordert Trittsicherheit und Schwindelfreiheit; leichte und breite Wege im Gipfelbereich; guter Bergsteig hinab nach Hallthurm.
>
> **Gehzeiten** Kirchberg – Schlegelmulde 3 Std., Schlegelmulde – Karkopf 2 Std., Abstieg nach Hallthurm 2 1/2 Std.; Gesamtgehzeit: 7 1/2 Std.
>
> **Einkehr/Übernachtung** Evtl. Berghotel Predigtstuhl (1585 m) an der Seilbahn-Bergstation sowie Rasthaus Schlegelmulde (1560 m), beide nahezu ganzjährig bewirtschaftet; Blasihof in Hallthurm.
>
> **Karte** Berchtesgadener Alpen 1 : 50 000 (BLVA).

Blick über das Rasthaus Schlegelmulde auf den Hochstaufen.

KARKOPF

Von dort geradeaus weiter zur Diensthütte bei der ehemaligen Oberen Schlegelalm, wo wir links der Bezeichnung zur Schlegelmulde folgen.

Nach einer Rast folgen wir dem markierten Wanderweg (Weg-Nr. 404 A) in steilen Serpentinen hinauf zum Hochschlegel (1688 m), den ein Gipfelkreuz schmückt, dann leicht abwärts bis zur Wegverzweigung Karkopf/Törlkopf. Den Karkopf erreichen wir über einen steilen Latschenpfad in einer Viertelstunde.

Abstieg nach Hallthurm Vom Gipfel des Karkopfs auf dem Anstiegsweg zurück bis zur Wegverzweigung, dann rechts weiter zum Aussichtspunkt Dreisesselberg (1680 m), wo wir einen schönen Blick hinab ins Alpgartental haben. Ein Stück des Weges zurück, dann links hinab in eine große Mulde und weiter zur ehemaligen Steinbergalm mit schönem Rastplatz. Von dort wandern wir links weiter, bis nach 20 Minuten die pilzähnliche Felsgestalt der Steinernen Agnes auftaucht, die der Sage nach eine versteinerte Sennerin darstellen soll. Links über uns thront ein auffälliger Felsgrat, der im Volksmund auch Schlafende Hexe genannt wird. Wir wandern rechts an der Steinernen Agnes vorbei und treffen nach wenigen Minuten auf eine Wegverzweigung. Hier folgen wir dem linken Abzweiger (der rechts abgehende Steig führt steil hinunter nach Winkl) und gehen eben hinunter zu den Rotofentürmen, wobei wir der Wegmarkierung mit der Nummer 469 folgen. Unser Weiterweg führt nun über den Rotofensattel, dann in zahlreichen und gut gestuften Serpentinen durch Wald hinab nach Hallthurm (700 m). Zuletzt entlang der Straße zum Bahnhof, von wo aus wir die Rückfahrt nach Bad Reichenhall antreten können. Zuvor kehren wir aber noch gleich nebenan im Blasihof ein.

Die Steinerne Agnes am Abstiegsweg nach Hallthurm.

UNSER TIPP!

Hallthurm war früher Passübergang und Grenzbefestigung der Fürstpropstei Berchtesgaden zu Salzburg und Bayern. Reste der Wehrmauern sowie ein Wachturm aus dem Mittelalter sind heute noch zu besichtigen.

4 Toter Mann (1391 m)

Auf einen aussichtsreichen Randberg des Lattengebirges
Leicht; 4 3/4 Std.; 500 Hm im Anstieg

Seinen Namen hat der Tote Mann von den vergeblichen Versuchen, abbaubare Erze und Mineralien zu finden. Die Bergmänner fanden dort nur »taubes«, d. h. »totes« Gestein und tauften diesen heute wieder dicht bewaldeten Ausläufer des Untersbergs daher Toter Mann. Auf der Südwestseite des Bergs

Die kleine Unterstandshütte (Bezoldhütte) auf dem Toten Mann.

verlief früher die Soleleitung von Berchtesgaden nach Bad Reichenhall. Der alte Instandhaltungsweg ist heute zu einem schönen und auch informativen Höhenweg ausgebaut.

Von Schwarzeck aus zum Toten Mann
Direkt am Parkplatz beim Gasthaus Schwarzeck (an der Kapelle) beginnt der ausgeschilderte Promenadeweg zum Toten Mann, der uns zuerst aussichtsreich zum Hirscheck (1242 m) führt. Dort links weiter – ebenfalls auf Wirtschaftsstraßen durch Wald – hinauf bis zur letzten Kehre bei der Einsenkung zwischen Totem Mann und Vorgipfel, auf den der Sessellift von Hochschwarzeck hinaufführt (Abstecher zum Hirschkaser mit prächtigem Ausblick auf den Hochkalter bzw. zur Bergstation in wenigen Minuten

---

Wissenswertes

Talort/Ausgangspunkt Ramsau (670 m). Pkw-Anfahrt: Über Berchtesgaden bzw. das Wachterl nach Schwarzeck bzw. zur Talstation des Schwarzeck-Sessellifts (1030 m), mit Parkplatz; großer Wanderparkplatz auch beim Gasthaus Schwarzeck am Anfang des Hochtals. Bahn/Bus: Mit der Bahn bis Berchtesgaden, dann mit RVO-Bus nach Schwarzeck.
Schwierigkeit Leichte Bergwanderwege und Wirtschaftswege; der Abstieg vom Toten Mann zum Söldenköpfl ist etwas steil.
Gehzeiten Schwarzeck – Toter Mann 1 1/2 Std., Abstieg zum Gasthaus Söldenköpfl 1 1/4 Std., Rückweg auf dem Soleleitungsweg nach Schwarzeck 2 Std.; Gesamtgehzeit: 4 3/4 Std.
Einkehr/Übernachtung Hirschkaser (1385 m); Gasthaus Söldenköpfl (920 m); Gasthaus Gerstreit (920 m); Gasthaus Zipfhäusl; Gasthaus Schwarzeck; alle Einkehrstellen sind nahezu ganzjährig bewirtschaftet.
Karte Berchtesgadener Alpen 1 : 50 000 (BLVA).

TOTER MANN

möglich). Hier führt rechts der schmale Anstiegsweg in wenigen Minuten hinauf zum Gipfel des Toten Manns (1391 m) mit der kleinen Bezoldhütte (siehe Foto linke Seite), die die Alpenvereinssektion Berchtesgaden bereits 1883 hatte errichten lassen.

Abstieg zum Gasthaus Söldenköpfl Vom Gipfel wandern wir dann über die freie Bergwiese in östlicher Richtung zum Waldrand und folgen dann dem ausgeschilderten Steig durch Wald teilweise etwas steil hinab zum Gasthaus Söldenköpfl.

Auf dem Soleleitungsweg zurück nach Schwarzeck Vom Gasthaus Söldenköpfl nun nahezu eben und mit schönen Ausblicken um das Söldenköpfl herum und durch den bewaldeten Osthang des Gröllkopfs zum Gasthaus Gerstreit. Dann im Rechtsbogen um den Gröllkopf herum und weiter – mit direktem Blick auf den massiven Hochkalter – eben zum Zipfhäusl (Informationstafel zur alten Soleleitung am Weg). Von dort folgen wir dem für Kfz gesperrten Asphaltweg hinauf nach Schwarzeck.

Vom Hirschkaser hat man einen prächtigen Blick auf den Hochkalter.

UNSER TIPP!

Am Gasthof Hindenburglinde, direkt an der Deutschen Alpenstraße gelegen, können wir einen der ältesten Bäume in Oberbayern aus der Nähe betrachten.

Die etwa 1000-jährige Hindenburglinde wurde Anfang des letzten Jahrhunderts nach dem ehemaligen Reichspräsidenten Paul von Hindenburg (1847–1934) benannt, der zuvor Berchtesgaden besucht hatte.

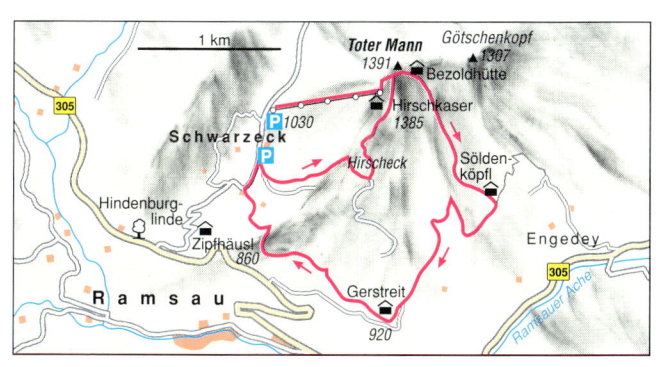

5 | Hoher Göll (2522 m)

Über die klassische Normalroute vom Purtschellerhaus
▶ Anspruchsvoll; 6 1/2 Std.; 1509 Hm im Anstieg

Der mächtige Göllstock ist neben Watzmann und Hochkalter das dritte die alpine Szenerie dominierende Bergmassiv des Berchtesgadener Talbeckens. Auf der Westseite sendet er ein paar wilde Felsgrate aus, die z. B. das Endstal einfassen, im Osten stürzt er mit gewaltigen Platten in den Wilden Freithof ab.

Es gibt keinen leichten Anstiegsweg auf seinen höchsten Punkt, den Hohen Göll, doch für trittsichere und schwindelfreie Geher ist dieser Gipfel bei guten Bedingungen kein besonderes Problem. Im Hohen Göll befindet sich mit 700 Metern Tiefe übrigens Deutschlands tiefste Höhle.

Von der Roßfeldstraße zum Purtschellerhaus Wir folgen vom Parkplatz an der Höhenringstraße der Markierung ein Stück Richtung Ofnerboden, dann gehen wir links auf breitem Wanderweg kurz hinab zum Eckersattel (1412 m). Von dort führt ein steiler Serpentinenweg über freies Gelände hinauf zum aussichtsreich gelegenen Purtschellerhaus, einer voll bewirtschafteten AV-Hütte, in der man nicht nur einkehren, sondern auch übernachten kann.

Anstieg auf den Hohen Göll Die Route auf diesen markanten Felsberg ist kein Spaziergang. Doch für den berggewohnten Geher ist der Anstieg über den Salzburger Weg ein Genuss.

Vom Purtschellerhaus steigen wir über den grasigen First hinauf zu den Felsen des Nordostgrats, wo uns der

---

> **Wissenswertes**
>
> **Talort/Ausgangspunkt** Berchtesgaden (572 m). Pkw-Anfahrt: Salzburger Autobahn bis Grenzübergang Walserberg, Abfahrt Salzburg Süd, weiter Richtung Berchtesgaden, 7 km nach Marktschellenberg links ab auf die Roßfeldstraße (Mautstrecke); mehrere Parkplätze entlang der Roßfeldstraße, am günstigsten nahe Ahornkaser (1560 m). Bahn/Bus: Bahnhof Berchtesgaden, dann mit Bus zum Roßfeld.
>
> **Schwierigkeit** Hüttenweg leichte Wanderung, der Anstieg zum Hohen Göll ist gut markiert, erfordert jedoch unbedingte Trittsicherheit und Schwindelfreiheit, einige Seilsicherungen. Im Frühsommer muss noch mit einigen ausgesetzten Schneefeldern gerechnet werden.
>
> **Gehzeiten** Parkplatz Ahornkaser – Purtschellerhaus 1 Std., Gipfelanstieg vom Purtschellerhaus 3 Std., Abstieg zum Ausgangspunkt 2 1/2 Std.; Gesamtgehzeit: 6 1/2 Std.
>
> **Einkehr/Übernachtung** Purtschellerhaus (1692 m, AV-Hütte, bewirtschaftet von Pfingsten bis Mitte Oktober, je nach Schneelage, 15 B., 50 L., Tel. 0 86 52/24 20); oberer Ahornkaser an der Roßfeldstraße; evtl. Roßfeldhütte.
>
> **Karte** Berchtesgadener Alpen 1:50 000 (BLVA).

HOHER GÖLL

Der Hohe Göll vom Eckerfirst aus gesehen – über die rechte Flanke führt der Normalweg zur Göllleite und weiter auf den Gipfel.

markierte Steig zu einem Gratabsatz mit Kreuz leitet. Nun etwas hinab bis an den Fuß eines steilen Grates. Dort bieten sich zwei Möglichkeiten:
Links steigt man über steile, z. T. gesicherte Bänder hinauf zum Grat, rechts weist eine Tafel zum Schusterweg, einem Klettersteig. Beide Wege vereinigen sich wieder auf der so genannten Göllleite. Und über den weiten, geröllbedeckten Rücken erreichen wir den berühmten Aussichtsgipfel mit Kreuz.

Der Abstieg zurück zum Purtschellerhaus erfolgt auf dem Anstiegsweg.

UNSER TIPP!

Bei Nässe geht man besser den österreichischen Weg zum Purtschellerhaus, der ebenfalls am Eckersattel beginnt.
Oder wir nehmen folgenden Weg als Abstiegsvariante: Beim Purtschellerhaus wandern wir rechts den steilen Hang über die österreichische Seite hinab, bis der Weg nach Norden umbiegt. Nun nahezu eben hinaus zum Eckersattel und von dort aus zurück zum Ausgangspunkt.

6 Hohes Brett (2340 m)

Auf den südlichen Vorgipfel des Hohen Göll
Mittel; 4 1/4 bzw. 6 Std.; 563 bzw. 1238 Hm im Anstieg

Das Hohe Brett, der ausgeprägte südliche Vorgipfel des Hohen Göll, ist mit seinen 2340 Metern Höhe ein eigenständiges Tourenziel über dem Torrener Joch. Wie schon der Name sagt, erwartet uns am Gipfel eine rasenbedeckte kleine Hochfläche. Der Weiterweg von dort zum Hohen Göll ist zwar nicht schwierig, erfordert aber etwas alpine Erfahrung.

Zum Stahlhaus am Torrener Joch Von der Bergstation der Jennerbahn folgen wir links den Wegweisern und steigen zunächst hinab in den Sattel zwischen Jenner und Hohem Brett. Dann folgen wir dem schmalen, markierten Höhenweg hinüber zum Torrener Joch (1731m), wo das Carl-von-Stahl-Haus steht (ein direkter Abkürzer nach links zum Gipfelweg ist möglich). Oder wir wandern vom Parkplatz Hinterbrand bzw. von der Jennerbahn-Mittelstation nahezu eben auf breitem Wirtschaftsweg rechts um den Jennergipfel herum bis zur zweiten Wegverzweigung oberhalb der Königsbachalmen. Dort links und bald relativ steil – aber weiterhin auf breitem Weg – am Königsbach entlang hinauf zum Schneibsteinhaus und weiter zum Torrener Joch.

Der Gipfelweg Vom Carl-von-Stahl-Haus am grünen Torrener Joch führt der bezeichnete Steig (Weg-Nr. 451) direkt an die Südflanke des Pfaffenkegels heran. Ein steiler, serpentinenreicher Steig (mit einigen Drahtseilsicherungen) leitet uns dann durch die

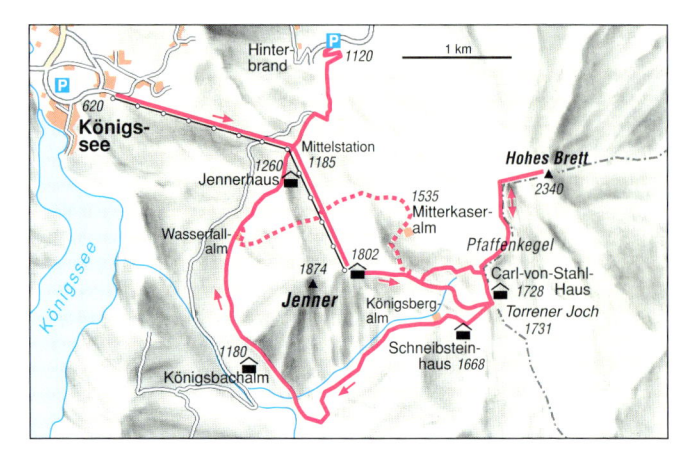

HOHES BRETT

Blick über das Torrener Joch auf das Hohe Brett, im Vordergrund das Schneibsteinhaus der Naturfreunde.

Schrofenhänge aufwärts zum Jägerkreuz am Hörnlbrett. Von dort rechts auf dem ebenfalls steilen Rasenhang hinauf zum Hohen Brett mit Gipfelkreuz.

Abstieg wie Anstieg Vom Steig, der geradeaus weiter zur Jenner-Bergstation führt, leitet rechts ein Weg hinab zur Mitterkaseralm. Von dort gelangen wir in einer weiten Schleife auf Wirtschaftsweg zurück zur Mittelstation.

UNSER TIPP!

Am Hohen Brett haben wir gute Gelegenheit, das sonst eher seltene und auch scheue Gämswild zu Gesicht zu bekommen, das sich hier in auffallend großer Zahl tummelt. Auch können wir dort – mit etwas Glück – das unter strengem Naturschutz stehende Edelweiß bewundern (absolutes Pflückverbot!).

Wissenswertes

Talort/Ausgangspunkt Berchtesgaden (572 m). Pkw-Anfahrt: Salzburger Autobahn bis Ausfahrt Piding, über Bad Reichenhall und Bischofswiesen nach Berchtesgaden; dort entweder zum Großparkplatz (gebührenpflichtig) in Königssee (620 m) oder Auffahrt zum Obersalzberg und zum Parkplatz in Hinterbrand (1120 m) bzw. kurz vor der Jenner-Mittelstation am Ende der Obersalzbergstraße. Bahn/Bus: Bahn bis Berchtesgaden, dann RVO-Bus nach Königssee.

Schwierigkeit Der Gipfelweg erfordert Trittsicherheit und Schwindelfreiheit, ist aber objektiv nicht schwierig; einige Seilsicherungen; Anstieg zum Torrener Joch auf Wirtschaftsweg bzw. Wanderweg von der Jenner-Bergstation.

Gehzeiten Jenner-Bergstation – Carl-von-Stahl-Haus 3/4 Std., Gipfelanstieg zum Hohen Brett 1 1/2 Std., Rückkehr zur Mittelstation 2 Std.; Gesamtgehzeit: 4 1/4 Std. Oder Jenner-Mittelstation – Carl-von-Stahl-Haus 2 Std., Gipfelanstieg zum Hohen Brett 1 1/2 Std., Abstieg 1 1/2 Std.; Gesamtgehzeit: 6 Std.

Einkehr/Übernachtung Jennerhaus (Dr.-Hugo-Beck-Haus, 1260 m, ganzjährig bewirtschaftet, 8 B., 37 L.); Bergstation der Jennerbahn (1802 m); Carl-von-Stahl-Haus (1728 m, AV-Haus, ganzjährig bewirtschaftet, 24 B., 70 L.); Mitterkaseralm (1535 m, von Juni bis Oktober und von Weihnachten bis Mitte April bewirtschaftet); Königsbachalm (1180 m, im Sommer bewirtschaftet); evtl. Alpeltalhütte.

Karte Berchtesgadener Alpen 1 : 50 000 (BLVA).

7 Jenner (1874 m)

Zum schönsten Aussichtspunkt über dem Königssee
Leicht; 3 1/2 Std.; 700 Hm im Anstieg

Einen der schönsten Ausblicke auf den Königssee hat man zweifelsohne von der Aussichtsplattform des Jenner. Wir verschmähen die Gondelbahn und wandern über die Mitterkaseralm hinauf zum Gipfel.

Dann steigen wir auf der anderen Seite hinab zur Königsbachalm und umrunden somit den Jenner. Falls wir einen kleinen Abstecher nicht scheuen, haben wir die Möglichkeit, bei einer original Enzianbrennerei vorbeizuschauen.

Von der Jennerbahn-Mittelstation zum Jennergipfel Wir folgen zunächst dem breiten Wanderweg (Weg-Nr. 497) in Richtung Königsbachalm. Nach etwa einer Viertelstunde zweigt links ein Wirtschaftsweg ab, der uns in einem weiten Bogen hinauf zur Mitterkaseralm bringt. Falls wir dort nicht einkehren wollen, steigen wir gleich steil aufwärts zum Verbindungskamm, der den Jenner mit dem Pfaffenkegel verbindet.

Dort halten wir uns rechts und erreichen so die Bergstation (1802 m) der Jennerbahn. Ein breiter Wanderweg leitet hinauf zur Aussichtsplattform. Von dort sind es noch wenige Minuten bis zum höchsten Punkt mit dem Gipfelkreuz.

Die Abstiegsrunde Zurück bis kurz vor die Bergstation, dann rechts auf dem serpentinenreichen Bergweg steil hinab über Bergweiden zu den tiefer liegenden Almen. Dort auf einem Almfahrweg weiter bis zum Fahrweg,

---

Wissenswertes

Talort/Ausgangspunkt Berchtesgaden (572 m). Pkw-Anfahrt: Salzburger Autobahn bis Abzweigung Salzburg Süd, dann über Berchtesgaden zum Großparkplatz (gebührenpflichtig) in Königssee (620 m); oder in Berchtesgaden links über die Obersalzbergstraße zum Parkplatz in Hinterbrand (1120 m, gebührenpflichtig) bzw. kurz vor der Jenner-Mittelstation (1185 m) am Ende der Straße. Bahn/Bus: Bahnhof Berchtesgaden, dann mit RVO-Bus nach Königssee bzw. Hinterbrand.
Schwierigkeit Mit Ausnahmen im Gipfelbereich breite Alm- und Wanderwege; auch für nichtschwindelfreie Wanderer begehbar.
Gehzeiten Jenner-Mittelstation – Jenner-Bergstation 1 1/2 Std., Gipfelabstecher 1/2 Std., Rückkehr über Königsbachalm 1 1/2 Std.; Gesamtgehzeit: 3 1/2 Std.
Einkehr/Übernachtung Jennerhaus (Dr.-Hugo-Beck-Haus, 1260 m, ganzjährig bewirtschaftet, 8 B., 37 L., Tel. 0 86 52/ 27 27); Bergstation der Jennerbahn (1802 m, nahezu ganzjährig bewirtschaftet); Königsbachalm (1180 m, im Sommer bewirtschaftet); evtl. Alpeltalhütte.
Karte Berchtesgadener Alpen 1:50 000 (BLVA).

JENNER

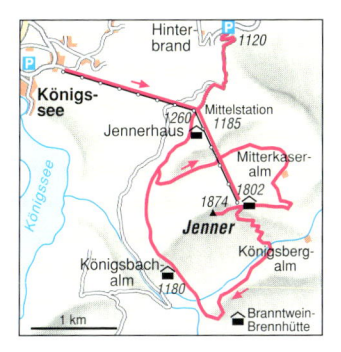

der zum Schneibstein führt, und rechts – relativ steil – hinab in Richtung Königsbachalm. Kurz vor Erreichen der Almhütten zweigt links der Weg zur Priesbergalm ab. Diesem folgen wir ein Stück und treffen dann auf die alte Branntweinhütte der Enzianbrennerei Grassel. Wenn wir Glück haben, ist der Brenner gerade vor Ort (dies erfolgt turnusmäßig mit den anderen Brennstuben). Dann gehen wir wieder ein Stück zurück und steigen hinab zur Königsbachalm. Nach der Einkehr gehen wir zurück zur Wegverzweigung und folgen links dem breiten Wanderweg (Weg-Nr. 497), der im weiten Bogen um den Jenner herum zur Mittelstation der Bergbahn zurückführt. Von den Königsbachalmhütten führt auch ein Wanderweg direkt hinab zum Parkplatz an der Talstation der Jennerbahn in Königssee.

UNSER TIPP!

Die Berchtesgadener Firma Grassel betreibt noch drei originale Brennhütten. Eine davon befindet sich nahe der Königsbachalm. In den Hütten wird im jährlichen Wechsel Enzianschnaps gebrannt. Bergwanderer haben auf diese Weise das seltene Vergnügen, nicht nur den Brennvorgang zu beobachten, sondern auch das fertige Produkt vor Ort probieren zu können.

Der bewaldete Kegel des Jenner von der Priesbergalm aus gesehen.

8 Schneibstein (2275 m)

Auf den leichtesten Zweitausender der Berchtesgadener Alpen
❱ Leicht; 4 1/2 bzw. 6 1/2 Std.; 500 bzw. 1195 Hm im Anstieg

Wissenswertes

Talort/Ausgangspunkt Berchtesgaden (572 m). Pkw-Anfahrt: Salzburger Autobahn bis Ausfahrt Piding, über Bad Reichenhall und Bischofswiesen nach Berchtesgaden; dort entweder zum Großparkplatz (gebührenpflichtig) in Königssee (620 m) oder Auffahrt zum Obersalzberg und zum Parkplatz in Hinterbrand (1120 m) bzw. kurz vor der Jenner-Mittelstation am Ende der Obersalzbergstraße. Bahn/Bus: Bahn bis Berchtesgaden, RVO-Bus nach Königssee.

Schwierigkeit Mit Ausnahme des Übergangs von der Jenner-Bergstation und des Gipfelanstiegs breite Wirtschaftswege; Trittsicherheit erforderlich.

Gehzeiten Jenner-Bergstation – Carl-von-Stahl-Haus 1/2 Std., Gipfelanstieg zum Schneibstein 2 Std., Rückkehr zur Mittelstation 2 Std.; Gesamtgehzeit: 4 1/2 Std. Oder Jenner-Mittelstation – Carl-von-Stahl-Haus 2 Std., Abstieg 1 1/2 Std.; Gesamtgehzeit mit Gipfelanstieg: 6 1/2 Std.

Einkehr/Übernachtung Jennerhaus (Dr.-Hugo-Beck-Haus, 1260 m, ganzjährig bewirtschaftet, 8 B., 37 L.); Bergstation der Jennerbahn (1802 m); Carl-von-Stahl-Haus (1728 m, AV-Haus, ganzjährig bewirtschaftet, 24 B., 70 L.); Königsbachalm (1180 m, im Sommer bewirtschaftet); evtl. Alpeltalhütte und Schneibsteinhaus.

Karte Berchtesgadener Alpen 1:50 000 (BLVA).

Das Schneibsteinhaus.

Der Schneibstein ist der nördlichste Punkt des Hagengebirges, der – mit Ausnahme der Gotzenalm – einsamsten Bergregion in den Berchtesgadener Alpen. Von seinem Gipfel eröffnet sich ein herrlicher Blick über das weite Tafelgebirge hinweg bis zum Hochkönig.

Zum Stahlhaus am Torrener Joch Von der Bergstation der Jennerbahn folgen wir links den Wegweisern und steigen zunächst hinab in den Sattel zwischen Jenner und Hohem Brett. Anschließend gehen wir auf dem schmalen, markierten Höhenweg hinüber zum Torrener Joch (1731 m) mit dem Carl-von-Stahl-Haus.

Oder wir wandern vom Parkplatz Hinterbrand bzw. von der Jennerbahn-Mittelstation nahezu eben auf einem breiten Wirtschaftsweg rechts

SCHNEIBSTEIN

Der Schneibstein vom Gipfel des Jenner aus gesehen.

um den Jennergipfel herum bis zur zweiten Wegverzweigung oberhalb der bewirtschafteten Königsbachalm. Dort links und bald relativ steil – weiter auf breitem Weg – am Königsbach entlang hinauf zum Schneibsteinhaus und weiter zum Torrener Joch.
Der Gipfelweg Vom Stahlhaus (bzw. auch direkt vom Schneibsteinhaus) führt ein bezeichneter Steig (Weg-Nr. 416) zuerst in südöstlicher Richtung durch Latschen, bis der Steig nach einem steilen Anfangsstück links über den sanften Nordwestgrat zum Gipfel hinaufleitet.
Abstieg wie Anstieg Von den Königsbachalmhütten führt auch ein Wanderweg direkt hinab zum Parkplatz an der Talstation der Jennerbergbahn in Königssee.

UNSER TIPP!
Im privaten Adler- und Murmeltiergehege am Obersalzberg (Hintereck 9) können wir einen Teil der in unseren Bergen versteckt lebenden Tierwelt aus nächster Nähe erleben.
Die Anfahrt erfolgt von Berchtesgaden über die Obersalzbergstraße bis zum Parkplatz Hintereck.
Öffnungszeiten: von Mitte Mai bis Mitte Oktober täglich von 10 bis 12 Uhr und 13.30 bis 17 Uhr.

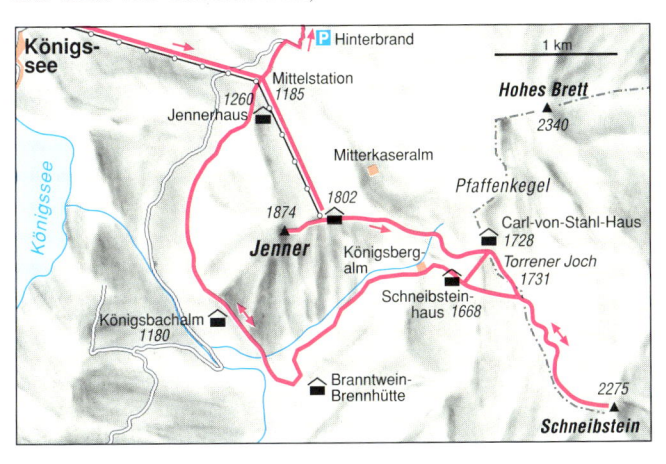

9 Großes Teufelshorn (2361 m)

Auf den höchsten Gipfel des Hagengebirges
Anspruchsvoll; 11 Std.; 1731 Hm

Das Große Teufelshorn ist nicht nur die höchste Erhebung des verkarsteten und latschenüberwachsenen Hagengebirges, es stellt – zusammen mit seinem kleineren Trabanten – auch die Verbindung zum Steinernen Meer dar.

Von der Salletalm zur Fischunkelalm Von der Bootsanlegestelle am Südostufer des Königssees wandern wir auf dem breiten Weg zur bewirtschafteten Salletalm und überschreiten dann den Zufluss des Königssees. An der Wegverzweigung halten wir uns links und folgen dem rechten Ufer des Obersees bis an die Walchhüttenwand. Dort leitet uns ein mit Drahtseilen gesicherter Steig zur Fischunkelalm (Einkehrmöglichkeit) am anderen Ende des Obersees.

Anstieg zur Wasseralm Von der Fischunkelalm folgen wir dem markierten Weg weiter, steigen leicht durch Wald an und erreichen jenseits eines kleinen Sattels den Talschluss. Dort erblicken wir schon bald den über eine Höhe von 470 Meter herabstürzenden Wasserfall. Wir lassen ihn rechts liegen und folgen dem Röthsteig, der über eine steile Felsstufe nach oben führt und sich nach einer halben Stunde teilt. Hier nun entweder links den leichteren Anstieg durch die bewaldete Landtalwand zum Reitweg, der von der Gotzenalm in die Röth führt, oder rechts auf dem anspruchsvolleren Röthsteig (Steinschlaggefährdung) weiter. Wir queren dabei oberhalb des Wasserfalls den Röthbach und steigen durch Wald weiter an zur großen Bergwiese der Wasseralm.

Von der Wasseralm auf das Große Teufelshorn Nachdem wir eine Brücke

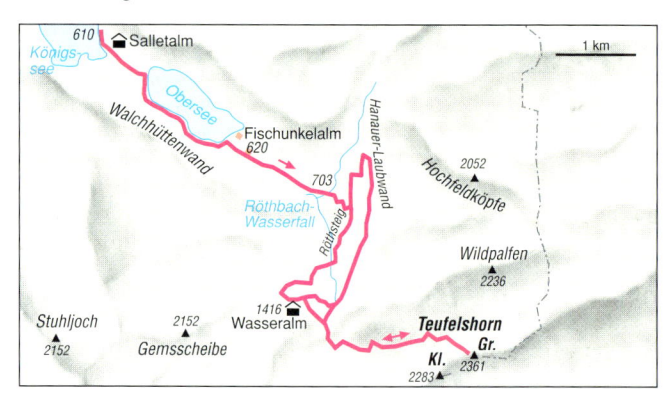

GROSSES TEUFELSHORN

Die Wasseralm in der Röth.

überquert haben, nehmen wir nach wenigen Metern rechts den Weg, der über die verfallene Schabau- und Neuhüttenalm zu den Resten der ehemaligen Jagdhütte führt (3/4 Std.). Dort verzweigen sich die Wege.
Wir folgen links dem rot bezeichneten Weg zum Großen Teufelshorn, steigen in eine Mulde hinab und wandern auf dem links aufwärts führenden Steig bis zum Beginn des Kars zwischen den beiden Teufelshörnern. Am Karrand queren wir links zum begrenzenden Gratrücken. Steindauben und Farbmarkierungen weisen uns weiter den Weg hinauf durch eine Rinne zur Gipfelabdachung des Großen Teufelshorns, über die wir den höchsten Punkt mit dem Gipfelkreuz erreichen. Die Rückkehr erfolgt auf dem Anstiegsweg.

UNSER TIPP!

Gegen Ende September findet am Obersee der große Almabtrieb statt. Ungewöhnlich ist, dass die Kühe mit Lastkähnen über den Königssee gefahren und erst dann mit den so genannten Fuikln geschmückt werden.

Wissenswertes

Talort / Ausgangspunkt Berchtesgaden (572 m). Pkw-Anfahrt: Über Salzburger Autobahn, Bad Reichenhall und Berchtesgaden zum Großparkplatz (gebührenpflichtig) am Königssee (620 m), von dort zu Fuß zum Bootsablegeplatz und mit dem Elektroboot bis Haltestelle Salletalm (610 m). Bahn/Bus: Mit der Bahn bis Berchtesgaden, dann mit RVO-Bus nach Königssee.

Schwierigkeit Der Anstieg zur Wasseralm erfolgt auf zwei möglichen Routen: über den Röthsteig (Trittsicherheit und Schwindelfreiheit erforderlich, einige Seilsicherungen) sowie über den Landtalsteig (Wanderweg); der Gipfelanstieg auf das Große Teufelshorn erfordert Trittsicherheit und Schwindelfreiheit sowie etwas Kletterfertigkeit im Fels (Schwierigkeitsgrad I).

Gehzeiten Salletalm – Fischunkelalm 1 1/2 Std., Wasseralm über Röthsteig 2 Std. bzw. 2 1/2 Std. über den Landtalgraben, Gipfelanstieg von der Wasseralm 3 1/2 Std., Abstieg zur Salletalm 4 Std.; Gesamtgehzeit: 11 bis 11 1/2 Std. (Zeit für Bootsfahrt einplanen!).

Einkehr/Übernachtung Wasseralm in der Röth (1416 m, Selbstversorgerhütte des Alpenvereins, ganzjährig geöffnet, Küche im Sommer nur mit Schlüssel zugänglich, nur einmalige Übernachtung möglich, 40 L.). Salletalm (610 m) und Fischunkelalm (620 m) sind beide während der Weidesaison (Juni bis Ende September) bewirtschaftet.

Karte Berchtesgadener Alpen 1 : 50 000 (BLVA).

10 Großes & Kleines Häuselhorn (2284 m bzw. 2227 m)

Ein reizvoller Doppelgipfel auf der Reiter Alm
Mittel; 11 Std.; 1661 Hm im Anstieg

Die Reiter Alm ist das erste von mehreren Plateaugebirgen, die sich von hier in Richtung Osten erstrecken. Auf ihr wurde schon sehr früh eine intensive Almbewirtschaftung betrieben, von der heute jedoch nur mehr ein paar Kaser stumme Zeugen sind. Die Randerhebungen der Reiter Alm markieren zahlreiche Felshörner und Kanten, die überwiegend unschwierig erstiegen werden können. Die Neue Traunsteiner Hütte – der einzige Stützpunkt – eignet sich daher besonders gut für Wochenendunternehmungen.

Zwei der markantesten Gipfel sind die Häuselhörner, die auch für weniger geübte Bergwanderer machbar sind. Nach Süden brechen sie in steilen Felswänden ab.

Von Oberjettenberg zur Neuen Traunsteiner Hütte Von der Schranke am Ende der Fahrstraße wandern wir zuerst auf breiter Forststraße hinauf zur so genannten Holzstube. Kurz dahinter verzweigt sich der Weg: Wir halten uns links und verlassen die Forststraße nach etwa zehn Minuten nach links. Der etwas verfallene Steig ist reizvoller als der geradeaus weiterführende Forstweg, dem wir ebenfalls folgen können. Beide Wege vereinigen sich etwas oberhalb wieder. Dann steigen wir durch schönen Mischwald weiter bergan, passieren eine Trinkwasserstelle, queren unter den Felsen des Wartsteins und gelangen zur Schreck-

---

> **Wissenswertes**
>
> **Talort/Ausgangspunkt** Unterjettenberg (516 m). Pkw-Anfahrt: Salzburger Autobahn bis Ausfahrt Siegsdorf, dann über Inzell und die Deutsche Alpenstraße nach Schneizlreuth, links weiter Richtung Berchtesgaden, oberhalb von Unterjettenberg Abzweigung nach rechts Richtung Oberjettenberg (637 m), nach knapp 2 km links zum Ende der öffentlichen Straße; dort Parkplatz.
> Bahn/Bus: Bahn bis Bad Reichenhall, mit RVO-Bus bis Haltestelle Oberjettenberg, dann 2 km zu Fuß.
>
> **Schwierigkeit** Einfache Wanderung bis zum Unterkunftshaus; am Gipfelweg Trittsicherheit erforderlich.
>
> **Gehzeiten** Oberjettenberg – Neue Traunsteiner Hütte 3 1/2 Std., Gipfelanstieg zu den Häuselhörnern 2 1/2 Std., Rückkehr zum Ausgangspunkt 4 1/2 Std.; Gesamtgehzeit: ca. 11 Std.
>
> **Einkehr/Übernachtung** Neue Traunsteiner Hütte (1560 m, AV-Hütte, bewirtschaftet von Anfang April/Ostern bis Ende Oktober, 38 B., 130 L., Tel. 0 86 51/17 52).
>
> **Karte** Berchtesgadener Alpen 1 : 50 000 (BLVA).

GROSSES & KLEINES HÄUSELHORN

wiese. In weitem Linksbogen steigen wir nun hinauf zum Schrecksattel, der den Durchstieg durch die steil abfallenden Felsmauern bietet. Am Kreuz angelangt, lässt es sich aussichtsreich rasten, dann geht es rechts haltend über die wellige Hochfläche hinüber zum Unterkunftshaus.

Zum Großen & Kleinen Häuselhorn Der Weg beginnt direkt bei der Hütte (WW). Auf schmalem Pfad wandern wir zuerst hinüber zur alten Grenzerhütte, steigen dann hinab in den weiten Almboden – vorbei an der Alten Traunsteiner Hütte – und erreichen so die Hütten der Reiter Almen. Dort zweigt links unser Anstiegsweg (Weg-Nr. 473) ab, der uns zunächst durch Mulden und über latschenbewachsene Kuppen in die so genannte Roßgasse

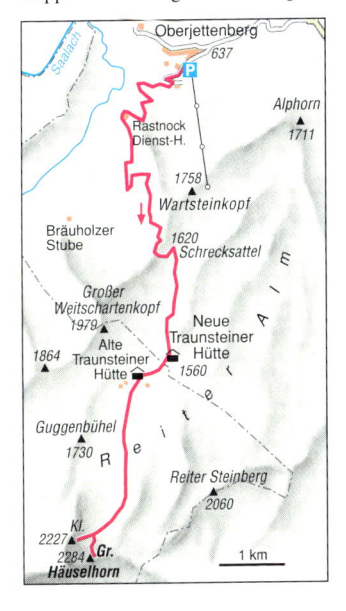

Die Häuselhörner vom Plateau der Reiter Alm aus gesehen.

führt. Oberhalb des steilen Anstiegs verzweigt sich der Steig. Wir steigen rechts in eine Geröllmulde und dann über leichten Fels in die Einschartung zwischen den beiden Hörnern. Links geht es anschließend in zehn Minuten hinauf aufs Große Häuselhorn, rechts hingegen auf das etwas niedrigere Kleine Häuselhorn. Der Plateaurand fällt hier jäh ab und bietet daher eine grandiose Aussicht.

Abstieg Die Rückkehr erfolgt auf dem Anstiegsweg.

UNSER TIPP!

Auf der Reiter Alm befinden sich die vermutlich umfangreichsten Zirben- und Lärchenbestände ganz Deutschlands. Die Zirbe kann bis zu 1000 Jahre alt werden und bildet oft den einsamen Vorposten in hochalpinen Regionen.

STADELHORN

11 Stadelhorn (2286 m)

Auf den höchsten Gipfel der Reiter Alm
Anspruchsvoll; 8 1/2 Std.; 1336 Hm im Anstieg

Wissenswertes

Talort/Ausgangspunkt Ramsau (670 m). Pkw-Anfahrt: Salzburger Autobahn bis Ausfahrt Siegsdorf bzw. Bad Reichenhall, dann über Unterjettenberg nach Ramsau und bis zum Ende der Fahrstraße (800 m) südwestlich des Hintersees; gebührenpflichtiger Parkplatz. Bahn/Bus: Mit der Bahn bis Berchtesgaden-Bahnhof, dann mit RVO-Bus ins Klausbachtal bis Haltestelle Engert-Holzstube (950 m).

Schwierigkeit Der Anstieg über den Schaflsteig (das letzte Stück bis zur Mayrbergscharte ist mit Drahtseilen gesichert) und der Abstieg über den Böslsteig (Holzleitern, künstliche Trittstufen und Drahtseile) verlangen bereits Trittsicherheit und Schwindelfreiheit; am Stadelhorn ist zusätzlich etwas Kletterfertigkeit erforderlich (Schwierigkeitsgrad I).

Gehzeiten Engert-Holzstube – Mayrbergscharte 3 1/2 Std., Anstieg von der Scharte auf das Stadelhorn 1/2 Std., Abstieg über Reiter Steinberg und Böslsteig nach Hintersee 3 1/2 Std.; Gesamtgehzeit: ca. 8 1/2 Std.

Einkehr/Übernachtung Unterwegs keine; evtl. Neue Traunsteiner Hütte (1560 m, AV-Hütte, von Anfang April bis Ende Oktober bewirtschaftet, 38 B., 130 L., Tel. 0 86 51/17 52); mehrere Gasthäuser in Hintersee.

Karte Berchtesgadener Alpen 1 : 50 000 (BLVA).

Die Reiter Alm ist einer von drei Plateaubergen der Berchtesgadener Alpen. Im Gegensatz zum Lattengebirge und zum Untersberg zeichnet sie sich jedoch durch ihren hochalpinen Charakter aus. Nach allen Seiten ist sie von steil abfallenden Felswänden begrenzt, deren höchste Erhebung das Stadelhorn darstellt. Die gemeinsamen Südabstürze von Stadelhorn und Mühlsturzhörnern bilden dabei die gewaltige Stadelmauer, die uns bereits beim Anstieg beeindruckt.

Diese Tour ist nur für den geübten und erfahrenen Bergsteiger gedacht. Wer sich die letzten Meter im Fels nicht zutraut, jedoch über eine gute Kondition verfügt, kann die Runde – ohne

Das markante Stadelhorn von Norden mit der Anstiegsroute.

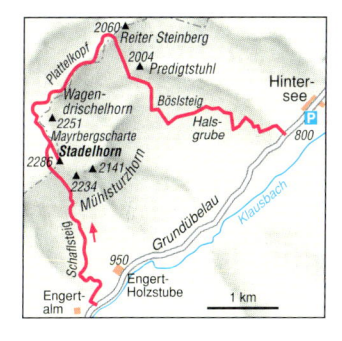

Gipfeleinlage – trotzdem machen, Trittsicherheit und Schwindelfreiheit sind jedoch unbedingte Voraussetzung. Schroffe Kalkfelsen, feine Gletscherschliffe und ein prächtiges Panorama lohnen die Mühe.

Über den Schaflsteig zur Mayrbergscharte Vom Parkplatz Hintersee wandern wir zunächst auf dem gesperrten Fahrweg oder auf dem parallel verlaufenden Wanderweg zur Engert-Holzstube. Kurz dahinter zweigt rechts der Schaflsteig ab. Er führt steil hinauf zu einer Almwiese (oberhalb WW), dann durch Wald und Latschen an den Fuß der Stadelmauer. Dort geht es links an der Stadelmauer entlang. Nach einem kurzen Abstieg erreichen wir den Beginn des kurzen Klettersteigs, der uns durch eine Rinne hinauf zum Hochgscheid bringt, wo wir auf den Loferer Steig treffen. Auf diesem steigen wir nun rechts weiter steil hinauf zum Felseinschnitt der Mayrbergscharte (2053 m), die Stadelhorn und Wagendrischelhorn voneinander trennt.

Anstieg auf das Stadelhorn An der Mayrbergscharte halten wir uns rechts und folgen dem markierten Pfad vorwiegend entlang der Gratkante über gut gestuften Fels in Richtung Gipfel. Über kleine Felsstufen und Bänder – zuweilen links ausweichend – gelangen wir höher, wobei sich der Gipfel zuletzt etwas zurückneigt, bis das kleine Holzkreuz in Sicht ist, das uns den Lohn für unsere Aufstiegsmühen ankündigt.

Abstieg über den Böslsteig Vom Gipfel steigen wir auf dem Anstiegsweg wieder ab in die Mayrbergscharte und nehmen dann den Steig, der das Wagendrischelhorn rechts umgeht. Wir steigen hinab ins Obere Wagendrischelkar und jenseits wieder etwas an zum Plattelkopf. Über den graßbewachsenen Kamm geht es dann in nordöstlicher Richtung weiter zum schrofigen Rücken des Reiter Steinbergs. Dort beginnt rechts der Böslsteig, der uns steil hinab zum Hintersee bringt. Zunächst in Serpentinen abwärts durch Latschen ins Untere Wagendrischelkar, dann leitet uns der nicht zu verfehlende Steig über Holztreppen, künstliche Stufen und entlang von Seilsicherungen hinunter ins Tal. Ab der Halsgrube wandern wir dann auf dem breiten Almweg hinab zur Hirschbichlstraße und links zurück zum Ausgangspunkt.

UNSER TIPP!
Im Sommer verkehrt zwischen Hintersee und dem Hirschbichlpass ein Wanderbus. Wer also die Tour über den Schaflsteig angehen möchte, kann bis zur Engert-Holzstube mit dem Bus fahren und sich somit eine Stunde Gehzeit ersparen.

12 Hochkalter (2607 m)

Felsgipfel über dem nördlichsten Gletscher der Alpen
❱ Anspruchsvoll; 10 1/2 Std.; 1827 Hm im Anstieg

Der Hochkalter ist neben dem Watzmann die zweite beherrschende Felsgestalt im Berchtesgadener Felskessel. Nicht nur seine Höhe weist ihm einen besonderen Rang zu, auf seiner Nordseite versteckt sich auch der nördlichste Gletscher der Alpen, das Blaueis, das mittlerweile allerdings von Ausaperung bedroht ist. An diesem Berg sind – auch ohne Begehung des Blaueisgletschers – neben Trittsicherheit und Schwindelfreiheit bergsteigerische Erfahrung gefragt. Der übliche Aufstieg erfolgt über den so genannten Schönen Fleck. Als Abstiegsvariante wird die Route über das Ofental vorgeschlagen, sie erfordert jedoch zusätzlich etwas Orientierungssinn.

Anstieg zur Blaueishütte Vom Parkplatz (gebührenpflichtig) am Zauberwald bei Ramsau auf ausgeschildertem Forstweg zunächst in weiten Kehren durch Wald hinauf zur Schärtenalm (1362 m), dann nahezu eben auf dem Forstweg zum Aussichtspunkt Eisbankl und weiter bis zur Abzweigung des Hüttensteigs nach links. Am Fuß einer Steilwand nun steiler hinauf ins Blaueiskar und zur Blaueishütte (1680 m).

Über den Schönen Fleck zum Hochkalter Von der Blaueishütte südwärts weiter durch das von riesigen Felsblöcken übersäte Kar bis zu einer Wegverzweigung unter dem Gipfelaufbau (links die Zunge des bald steil ansteigenden Blaueisgletschers). Bei den großen

---

> **Wissenswertes**
>
> **Talort/Ausgangspunkt** Berchtesgaden (572 m). Pkw-Anfahrt: Über Salzburger Autobahn, Bad Reichenhall, Bischofswiesen und Ramsau bzw. Schneizlreuth zum Hintersee; zwei Parkplätze (gebührenpflichtig) auf der Südseite des Sees.
> Bahn/Bus: Mit der Bahn bis Berchtesgaden, dann mit RVO-Bus zum Hintersee.
> **Schwierigkeit** Anspruchsvolle Bergtour; Hüttenweg leicht, für den Gipfelanstieg absolute Trittsicherheit, Schwindelfreiheit und gute Kondition erforderlich; längere Abschnitte sind stark ausgesetzt; im Fels Beherrschung des II. Schwierigkeitsgrades Voraussetzung; markierte Route ohne Sicherungsmittel; Zweitagestour.
> **Gehzeiten** Ramsau – Blaueishütte 2 1/2 Std., Anstieg auf den Hochkalter über den Schönen Fleck 3 1/2 Std., Abstieg durch das Ofental 4 1/2 Std.; Gesamtgehzeit: 10 1/2 Std.
> **Einkehr/Übernachtung** Schärtenalm (1359 m, privat, einige L., im Sommer einfach bewirtschaftet);
> Blaueishütte (1680 m, AV-Hütte, von Mitte Mai bis Mitte Oktober bewirtschaftet, 28 B., 52 L., Tel. 0 86 57/271).
> **Karte** Berchtesgadener Alpen 1:50 000 (BLVA).

HOCHKALTER

dauben). Nach der Querung den Steigspuren folgend hinab in die Ofentalscharte. Hier links haltend bis zum oberen Ende des Ofentals, dann über eine Geländestufe bis zu einer erneuten Linksquerung. Nun im Zickzack, zuletzt über ein Felsband, hinunter in das große Kar. Rechts haltend durch das ganze Ofental, bis man an der Vegetationsgrenze auf den ausgeprägten Steig trifft, der Richtung Klaustal führt und später in einen Forstweg übergeht. Im Talboden, nach der Brücke, rechts und dem Wanderweg folgend hinaus nach Hintersee.

UNSER TIPP!
In der Nähe des Parkplatzes am Eingang in den Zauberwald gibt es einen Kiosk, und wer ein paar weitere Meter nicht scheut, kann im Wirtshaus im Zauberwald einkehren.

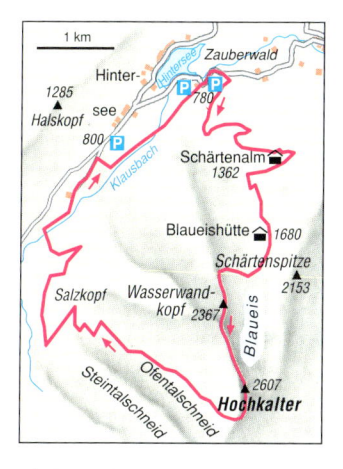

Blöcken rechts und durch eine Schuttrinne (evtl. Schnee) den Steigspuren folgend bergan, dann über eine 30 Meter hohe Platte mit guten Tritten hinauf zum Schönen Fleck (1 Std.). Nun auf dem breiten Grat südwärts höher, zeitweise rechts ausweichend, dann durch eine Rinne zu einem Felsabsatz. Es folgt eine kleine Klettereinlage im II. Schwierigkeitsgrad mit guten Griffen. Danach wird das Gelände leichter. Es geht um den Rotpalfen rechts herum, anschließend hinauf am Grat zum Kleinkalter. Von diesem hinab in eine Scharte, dann weiter auf dem Grat, zuletzt nochmal mit Klettereinlage, und hinauf zum Gipfel des Hochkalter.

Abstieg über die Anstiegsroute.

Abstiegsvariante durch das Ofental Vom Gipfel folgen wir der markierten Abstiegsroute (WW) zunächst westwärts abwärts durch steile, brüchige Rinnen, bis nach etwa 100 Höhenmetern die Route nach links weist (Stein-

Die Gipfelfelsen des Hochkalter von der Blaueisspitze aus gesehen.

13 Kühkranz (1811 m)

Auf einen Randberg der Berchtesgadener Alpen
》 Leicht; 7 1/2 Std. bzw. 4 1/2 Std.; 832 Hm im Anstieg

Die Kallbrunnalm liegt zwar nicht mehr auf bayerischem Gebiet, ist jedoch die größte Alm in den gesamten Berchtesgadener Alpen.

Eine Jausenstation und ein leichter Gipfel – der Kühkranz, der im Sommer mit vielen Blumen aufwartet – sind Ziel unseres Abstechers ins benachbarte Österreich, der von der Berchtesgadener Seite ebenso wie von der Pinzgauer Seite aus gestartet werden kann. Es erwarten uns herrliche Panoramablicke auf die Leoganger Steinberge und die südwestlichen Berchtesgadener Felsgipfel.

Vom Hintersee zur Kallbrunnalm Vom Parkplatz gehen wir ein kurzes Stück auf der Hirschbichlstraße und dann links weg auf dem Wanderweg, der sich immer durch Wald durch das Klausbachtal schlängelt. Bei der Engert-Holzstube, die wir auch – um Zeit zu sparen – mit dem Linienbus erreichen können, berühren wir kurz die Hirschbichlstraße und wandern dann weiter hinauf bis zum Hirschbichlpass (1148 m). Jenseits, auf der österreichischen Seite, einen guten Kilometer hinunter, dann links auf den dort abzweigenden Forstweg (Ausschilderung »Kallbrunnalm«). Am Forsthaus Falleck vorbei und weiter zu einer Pumpstation des Dießbach-Stausees. Von dort wandern wir in einer weiten Schleife auf einem Fahrweg hinauf zur Kallbrunnalm und weiter zur Jausenstation inmitten der 30 Almhütten.

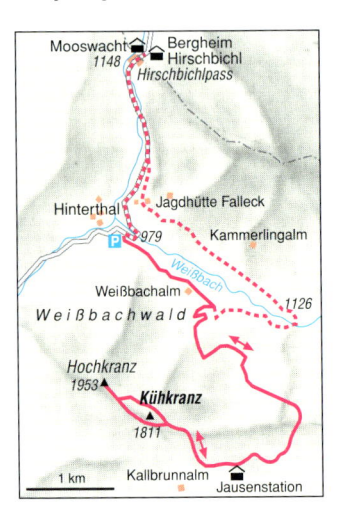

Von Weißbach zur Kallbrunnalm Die Auffahrt nach Hinterthal erfolgt in der Regel mit dem Pkw. Eine reizvolle Alternative ist jedoch die Durchwanderung der Seisenbergklamm, die bei Weißbach beginnt und bei Stockhaus endet, wo wir wieder auf die Fahrstraße treffen.

Am Parkplatz in Hinterthal wenden wir uns rechts und gehen auf breiter Almstraße in einem Rechtsbogen hinauf zur Kallbrunnalm.

Anstieg zum Kühkranz Von der Jausenstation folgen wir zunächst einem

KÜHKRANZ

Der Hintersee ist Ausgangspunkt für viele schöne Bergtouren.

Wirtschaftsweg zum obersten Kaser. Vor diesem links auf einem Steig über die Almwiesen zum Hochfeld und dann recht steil direkt hinauf zum Latschenkranz des Kühkranz. Durch diesen erreichen wir dann den höchsten Punkt. Der Weiterweg zum nahen Hochkranz ist bedeutend anspruchsvoller, für Geübte allerdings kein Problem. Als zusätzliches Schmankerl gibt es noch eine Klettersteigeinlage.

Vom Gipfel des Kühkranz (WW zum Hochkranz) zunächst links hinab, dann rechts auf einem Pfad auf dessen Ostseite, danach über drahtseilgesicherte Bänder und durch Latschen wieder aufwärts und zuletzt durch eine Rinne zur Grathöhe und zum Hochkranz-Gipfel.

UNSER TIPP!

Beim Anstieg von Weißbach bei Lofer ist der gesicherte Weg durch die Seisenbergklamm sehr empfehlenswert.

Wissenswertes

Talort/Ausgangspunkt Ramsau (670 m) bzw. Weißbach bei Lofer (665 m). Pkw-Anfahrt: Salzburger Autobahn bis Ausfahrt Siegsdorf, über Inzell, Schneizlreuth und Unterjettenberg nach Ramsau bzw. Hintersee, dort bis zum gebührenpflichtigen Parkplatz am Ende der Straße. – Anfahrt auch über das Saalachtal bis Weißbach bei Lofer, dann Auffahrt bis Hinterthal; dort Parkplatz. Bahn/Bus: Bahn bis Berchtesgaden, RVO-Bus nach Hintersee bzw. Engert-Holzstube. Im Sommer verkehrt zwischen Weißbach und der Engert-Holzstube im Klausbachtal ein österreichischer Bus (Haltestelle Hinterthal bzw. Hirschbichl).

Schwierigkeit Zu den Kallbrunnalmen gut begehbare Wanderwege und Almsträßchen; zum Kühkranz Bergpfad, der Übergang zum Hochkranz erfordert Trittsicherheit und Schwindelfreiheit, einige Seilsicherungen (Klettersteig, nur für Geübte).

Gehzeiten (Parkplatz Hintersee – Hirschbichlpass 2 Std.) Hirschbichlpass – Kallbrunnalm 2 Std., Hinterthal – Kallbrunnalm 1 1/2 Std., Gipfelabstecher zum Kühkranz 1 1/2 Std., Rückweg nach Hinterthal 1 1/2 Std., zum Hirschbichlpass 2 Std.; Gesamtgehzeit: 7 1/2 Std. bzw. 4 1/2 Std.

Einkehr/Übernachtung Jausenstation Kallbrunnalm (1453 m, während der Weidezeit bewirtschaftet, keine Übernachtung); Gasthaus Mooswacht am Hirschbichlpass (1153 m); Bergheim Hirschbichl (1148 m, AV-Haus, Kat. II, Selbstversorgerhütte, 19 B., 20 L., von Pfingsten bis Ende September geöffnet).

Karte Berchtesgadener Alpen 1 : 50 000 (BLVA).

14 Seehorn (2321 m)

Aussichtsberg im Naturpark Mitterkaser am Rande des Hochkaltergebirges
Mittel; 8 1/2 Std. bzw. 7 1/2 Std.; 832 Hm im Anstieg

Wissenswertes

Talort/Ausgangspunkt Weißbach bei Lofer (665 m). Pkw-Anfahrt: Salzburger Autobahn bis Ausfahrt Siegsdorf, über Inzell und Schneizlreuth bis Weißbach bei Lofer, Auffahrt auf der Hirschbichlstraße nach Pürzlbach (1095 m; gebührenpflichtige Parkplätze) oder weiter nach Hinterthal (Parkplatz).
Bus: in den Sommermonaten verkehrt zwischen Weißbach bei Lofer und der Engert-Holzstube im Klausbachtal ein österreichischer Bus (Haltestelle Hinterthal).

Schwierigkeit Die Wanderung zur Kallbrunnalm erfolgt auf breiten Wirtschaftswegen; zum Seehorn Bergwanderweg; die Abstiegsrunde über Hochwies und Mitterkaser erfolgt zum Teil über Pfadspuren und gute Wanderwege; etwas Orientierungssinn und Trittsicherheit sind schon erforderlich.

Gehzeiten Hinterthal beziehungsweise Pürzlbach – Kallbrunnalm 1 1/2 Std., Gipfelanstieg zum Seehorn 3 Std., Rückkehr auf den Anstiegswegen 3 Std.; Gesamtgehzeit: 7 1/2 Std. Abstiegsrunde über Hochwies: plus 1 Std.

Einkehr/Übernachtung Jausenstation Kallbrunnalm (1453 m, während der Weidezeit bewirtschaftet, keine Übernachtung); Jausenstation Pürzlbach (1095 m, ganzjährig).

Karte Berchtesgadener Alpen 1:50 000 (BLVA)

Den meisten Bergfreunden ist das Seehorn als Skitourenziel ein Begriff, doch auch im Sommer hat dieser gewaltige Berg auf der Südwestseite der Berchtesgadener Alpen seine Reize. Die Aussicht ist phantastisch, und wir passieren schöne Almen und Seen.

Vom Hintersee zur Kallbrunnalm Anstieg zum Hirschbichlpass (1148 m) siehe Tour 13. Jenseits – auf der österreichischen Seite – einen guten Kilometer hinab, dann links auf den Forstweg (Ausschilderung »Kallbrunnalm«). Am Forsthaus Falleck vorbei und weiter zu einer Pumpstation des Dießbach-Stausees. Von dort in einer weiten Schleife auf einem Fahrweg hinauf zur Kallbrunnalm und weiter zur Jausenstation inmitten der 30 Almhütten.

Von Weißbach zur Kallbrunnalm Die Auffahrt nach Hinterthal erfolgt in der Regel mit dem Pkw. Am Parkplatz in Hinterthal wandern wir auf breiter Almstraße hinauf zur Kallbrunnalm.

Von Pürzlbach zur Kallbrunnalm Auf breitem Wirtschaftsweg leicht ansteigend zum großen Almgelände.

Anstieg auf das Seehorn Von der Kallbrunnalm wandern wir über die weiten Almwiesen in Richtung Hinterthal, bis rechts der Anstiegsweg (Weg-Nr. 30) zum Seehorn abzweigt. Nun rechts kurz über Bergwiesen, dann durch Wald und weiter oben

SEEHORN

durch eine Latschenzone, bis wir nach einer Geländestufe links den Seehornsee erblicken. Danach steigen wir in einem weiten Links-rechts-Bogen hinauf zu einem felsigen Kamm. Links an einem Felsriegel vorbei und weiter zum Gipfelhang (Sennerinkreuz am Weg) und weiter am rechten Geländeabbruch zum Gipfel des Seehorns.
Rückkehr auf dem Anstiegsweg.
Alternative: Vom Gipfel des Seehorns nach Norden absteigen über den Grat der Kematenschneid. Dann über einen Kopf hinweg weiter in eine Scharte zwischen Seehorn und Palfelhorn. Dort rechts hinab in den Hochwieskessel. Am Bach entlang weiter abwärts, bis wir auf den Hüttenweg des Ingolstädter Hauses treffen. Auf diesem rechts durch den Naturpark Mitterkaser zum Dießbach-Stausee. Dort über die Mauer hinweg und zurück zu den Kallbrunnalmen.

UNSER TIPP!
Am Wochenende und an Feiertagen verkehrt zwischen Weißbach bei Lofer und der Kallbrunnalm ein Kleinbus (Tel. 00 43/65 82/83 55). Der Anstieg zum Seehorn wird dadurch verkürzt.

Blick auf die Südabstürze der Reiter Alm.

15 Grünstein (1304 m)

Aussichtskanzel am Nordufer des Königssees
Leicht; 3 1/2 Std.; 114 Hm im Anstieg

Wissenswertes

Talort/Ausgangspunkt Berchtesgaden (572 m). Pkw-Anfahrt: Über Salzburger Autobahn, Bad Reichenhall und Bischofswiesen bzw. Salzburg Süd nach Berchtesgaden und weiter zum Großparkplatz (gebührenpflichtig) am Königssee (620 m). Alternative: Über Schönau nach Hammerstiel; dort Parkplatz (760 m). Bahn/Bus: Mit der Bahn bis Berchtesgaden, dann mit RVO-Bus nach Königssee.

Schwierigkeit Leichte Bergwanderung auf guten Wegen; der Anstieg von Königssee aus ist etwas steil, sanfterer Anstieg von Hammerstiel.

Gehzeiten Parkplatz Königssee – Grünsteinhütte 1 1/2 Std., Gipfelabstecher 1/2 Std., Abstieg nach Königssee 1 1/2 Std.; Gesamtgehzeit: 3 1/2 Std. Anstieg von Hammerstiel etwa gleiche Zeit.

Einkehr/Übernachtung Grünsteinhütte (1200 m, im Sommer einfach bewirtschaftet); zahlreiche Gaststätten in Königssee; Gasthaus Hammerstiel.

Karte Berchtesgadener Alpen 1:50 000 (BLVA).

Der unscheinbar wirkende Grünstein ist ein Aussichtsberg par excellence. Tief unten blinkt der Königssee herauf, links erheben sich die mächtigen Felswände von Hohem Göll und Hohem Brett.

Gleich gegenüber baut sich der mächtige Watzmann auf, und daneben erblickt man den zweiten König des Berchtesgadener Talkessels, den Hochkalter. Zwei leichte Steige bieten sich zum Anstieg an: der etwas steilere von Königssee und der sanfte von Hammerstiel in der Schönau.

Von Königssee zum Grünstein Vom Großparkplatz in Königssee-Dorf gehen wir zunächst zur Seeklause und weiter zu den Bauernhöfen oberhalb. Dort wenden wir uns rechts und vor dem Klingerbach (vor der Brücke) links hoch in den Klingergraben, wo man auf eine Fahrstraße trifft. Nun links weiter auf dieser und in Serpentinen höher, bis rechts der Anstieg zum Grünstein abzweigt. Auf steilem Weg steigen wir nun hinauf durch die

Tiefblick vom Grünstein auf das Nordufer des Königssees.

GRÜNSTEIN

Auf der anderen Talseite ragt der mächtige Göllstock auf.

Abbrüche der Weißen Wand bis zu einem quer führenden Weg. Rechts weiter erreichen wir die Grünsteinhütte (1200 m). Von dort bringt uns ein Wanderweg in 20 Minuten auf den Grünsteingipfel.

Varianten Ein ebenfalls beliebter Anstieg, da weniger steil, beginnt in Hammerstiel (beim Gasthaus). Der ausgeschilderte Wanderweg führt durch Wald (WW »Grünstein«) zunächst zu einer Wegverzweigung, dann bieten sich zwei Möglichkeiten: Es gibt einen schmaleren und einen breiteren Weg, beide führen weiter oberhalb wieder zusammen. Von der Grünsteinhütte, die bald erreicht ist, sind es dann nur mehr 20 Minuten bis zum freien Gipfel, den einige Rastbänke schmücken. Wer seinen Ausgangspunkt in Hammerstiel hat, kann auch über das Schapbachtal zurückkehren, wo die Möglichkeit besteht, vor der Heimfahrt noch in der Schlupbachalm einzukehren.

UNSER TIPP!

Links neben dem Aufstiegsweg von Königssee zum Grünstein befindet sich das Leistungszentrum für Bob- und Rennrodler. Auch für Nichtprofis bietet sich dort Gelegenheit, den Rodelkanal auszuprobieren.

16 Watzmann (2713 m)

Auf das Wahrzeichen des Berchtesgadener Landes
Anspruchsvoll; 11 Std. bzw. 13 Std.; 2093 Hm im Anstieg

Der Watzmann ist der ungekrönte König der Berchtesgadener Bergwelt. Bei Bergsteigern wie bei Kletterern gehört er zu den beliebtesten Tourenzielen in dieser Region.
Zum einen, weil er der zweithöchste Berg Deutschlands ist, zum anderen, weil er mit der Ostwand die höchste Felswand der gesamten Ostalpen aufweist. Dementsprechend gut besucht ist daher auch das Watzmannhaus.
Für den trittsicheren Wanderer endet der Ausflug am Hocheck (2651 m), dem leichtesten Watzmanngipfel.

Der Watzmann von Norden gesehen.

Die gesamte Gratüberschreitung – mit den drei Hauptgipfeln – ist jedoch trittsicheren und schwindelfreien Bergsteigern mit fundierter alpiner Erfahrung vorbehalten. Ihnen bietet sich hier ein ausgesuchtes Bergabenteuer mit phantastischen Tiefblicken auf den Königssee und in das wilde Wimbachtal.

Anstieg zum Watzmannhaus Vom Parkplatz Wimbachbrücke an der Ramsauer Ache folgen wir dem bezeichneten Fahrweg (Weg-Nr. 441) durch bewaldetes Gelände aufwärts zur Stubenalm. Im weiteren Verlauf wandern wir hinauf zur bewirtschafteten Mitterkaseralm (1400 m). Hier verlassen wir den Almfahrweg und steigen links auf einem Bergsteig über die teilweise freien Hänge zur Falzalm an (hier mündet der Anstiegsweg von Königssee über die Kührointhütte ein).
Das letzte Stück Weg schlängelt sich in zahlreichen Serpentinen zum Falzköpfl und von da weiter zum Watzmannhaus hinauf.

WATZMANN

Anstieg zum Hocheck Der Weiterweg zum Hocheck – dem ersten und leichtesten Watzmanngipfel – bildet den Auftakt zur Watzmannüberschreitung. Der Steig ist markiert und führt durch unspektakuläres Schrofen- und Felsgelände mit einigen ausgesetzten Stellen an der so genannten Schulter (mit Drahtseilen gesichert). Am Gipfel des Hocheks (2651 m) erwarten uns ein kleines Unterstandhüttchen und eine phantastische Sicht auf die Berchtesgadener Bergwelt.

Übergang zum Mittelgipfel Ab dem Hocheck wird es ernst. Der Grat ist zwar noch nicht so ausgesetzt wie im zweiten Abschnitt zwischen Mittelspitze und Südspitze, aber durchaus anspruchsvoll. Schon nach wenigen Metern leiten uns die Sicherungen in südlicher Richtung auf den schmalen, scharfen Grat hinab.

Dann geht es weiter auf der Gratschneide und überwiegend auf der Westflanke des Berges im Auf und Ab hinüber zum Mittelgipfel (2713 m) und damit zum höchsten Punkt des

Wissenswertes

Talort/Ausgangspunkt Berchtesgaden (572 m). Pkw-Anfahrt: Salzburger Autobahn bis Ausfahrt Siegsdorf, dann über Inzell und Schneizlreuth in Richtung Berchtesgaden, kurz hinter Ramsau rechts über die Ramsauer Ache zum Parkplatz Wimbachbrücke (620 m, gebührenpflichtig). Bahn/Bus: Mit der Bahn bis Berchtesgaden, von dort mit RVO-Bus in Richtung Ramsau. Alternativ: Anstieg von Königssee-Ort.

Schwierigkeit Bis zum Hocheck leichte Bergtour, das letzte Stück zum Gipfel erfordert jedoch Trittsicherheit und Schwindelfreiheit; vom Hocheck bis zur Mittelspitze ist der Gratweg an den wichtigsten Stellen mit Drahtseilen gesichert, die teilweise an Eisenstäben befestigt sind.

Wichtig für die Überschreitung: Sehr lange und anstrengende Tour (!); Sie sollten diese Route nur bei besten Witterungsbedingungen begehen, da auf dem Watzmanngrat erhebliche Blitzschlaggefahr besteht; der Gratübergang ist sehr ausgesetzt. Beim Abstieg zur Wimbachgrieshütte können Orientierungsprobleme auftreten; unbedingt Übernachtung einplanen! Bei Vereisung extrem gefährlich! Dann komplette Bergsteigerausrüstung erforderlich.

Gehzeiten Wimbachbrücke – Watzmannhaus 3 1/2 – 4 Std., Anstieg zum Watzmann-Hocheck 2 Std., Übergang zur Mittelspitze 1/2 Std., Abstieg 4 1/2 Std.; Gesamtgehzeit: 11 Std.

Überschreitung: Mittelspitze – Südgipfel 2 Std., Abstieg zur Wimbachgrieshütte 3 Std., Rückweg zur Wimbachbrücke 2 Std.; Gesamtgehzeit: 13 Std.

Einkehr/Übernachtung Mitterkaseralm (1400 m, im Sommer einfach bewirtschaftet); Watzmannhaus (1928 m, AV-Haus, von Pfingsten bis Anfang Oktober bewirtschaftet, 45 B., 130 L., Tel. 0 86 52/96 42 22); Wimbachgrieshütte (1327 m, TVN-Hütte, von Anfang Mai bis Ende Oktober bewirtschaftet, 12 B., 72 L., Tel. 0 86 57/3 44); Wimbachschloss (937 m, im Sommer einfach bewirtschaftet); evtl. Kührointhütte.

Karte Berchtesgadener Alpen 1 : 50 000 (BLVA).

Das robuste Watzmannhaus ist manchem Ansturm gewachsen.

Watzmannmassivs. Der letzte Abschnitt über ein ansteigendes Plattenband wird dabei durch künstliche Felsstufen erleichtert.

Überschreitung Wer die gesamte Überschreitung wagt, hat den anspruchsvollsten Teil auf dieser Route allerdings noch vor sich: Von der Mittelspitze folgen wir weiter – nun sehr ausgesetzt – den roten Farbmarkierungen auf dem Grat, der an den erforderlichen Stellen gut gesichert ist. Im Auf und Ab abwechselnd auf dem Grat, dann wieder etwas unterhalb der Gratschneide in der Westflanke erreichen wir den Südgipfel (2712 m), der in einigen Karten auch noch als Schönfeldspitze auftaucht.

Der Abstieg ins Wimbachtal erfordert an manchen Passagen etwas Orientierungssinn, ist aber die schnellste Route. Von der Südspitze wandern wir zunächst in südlicher Richtung auf dem Grat hinunter bis zur zweiten Einschartung. Dort rechts in eine Rinne in die Westflanke hinab (einige Drahtseilsicherungen) und zum oberen Ende eines breiten Schuttfächers. Über diese Steigspuren geht es entlang weiter talwärts, dann links über bewachsene Felsabsätze zur Mulde des Schönfelds.

Von dort führt ein Steig – teilweise durch Latschenfelder und bizarre Erosionsformationen – hinab zum Boden des Wimbachtals, wo wir auf den vom Trischübel herabführenden Steig treffen. Hier halten wir uns rechts und erreichen bald die Wimbachgrieshütte. Ein breiter, aber langer Wanderweg leitet durch das weite Wimbachtal schließlich hinaus zum Parkplatz an der Wimbachbrücke.

UNSER TIPP!

Zum Abschluss unserer Tour sollten wir am Ausgang des Wimbachtals der mit einem guten Steig versehenen Wimbachklamm einen Besuch abstatten (Eintritt gebührenpflichtig).

Am Watzmann-Hocheck; rechts im Hintergrund der Hochkalter.

WATZMANN

Die Watzmann-Mittelspitze vom Hocheck aus gesehen.

17 Großer Hundstod (2593 m)

Auf den Hüttenberg des Ingolstädter Hauses
Anspruchsvoll; 11 1/2 Std.; 1974 Hm im Anstieg

Wissenswertes

Talort/Ausgangspunkt Berchtesgaden (572 m). Pkw-Anfahrt: Über Bad Reichenhall und Bischofswiesen bzw. von Berchtesgaden in Richtung Ramsau (bzw. Salzburger Autobahn bis Ausfahrt Siegsdorf, dann über Schneizlreuth nach Ramsau) bis zur Abzweigung Wimbachbrücke (620 m); dort gibt es einen großen Parkplatz.
Bahn/Bus: mit der Bahn bis Berchtesgaden, dann mit dem RVO-Bus zur Haltestelle Wimbachbrücke.

Schwierigkeit Der Anstieg zum Ingolstädter Haus erfolgt auf Bergsteigen; der Gipfelweg jedoch setzt Trittsicherheit und Schwindelfreiheit voraus, ist aber objektiv nicht schwierig.

Gehzeiten Parkplatz Wimbachbrücke – Wimbachgrieshütte 3 Std., Anstieg zum Ingolstädter Haus 2 Std., Gipfelanstieg 1 1/2 Std., Abstieg 5 Std. (Variante über Loferer Seilergraben 6 Std.); Gesamtgehzeit: 11 1/2 Std.

Einkehr/Übernachtung Wimbachgrieshütte (1327 m, TVN-Hütte, von Mai bis Ende Oktober bewirtschaftet, 16 B., 37 L., Tel. 0 86 57/3 44); Ingolstädter Haus (2119 m, AV-Haus, von Anfang Mai bis Anfang Oktober bewirtschaftet, 12 B., 70 L., Tel. 00 43/65 82/83 53); Wimbachschloss (nur Einkehr).

Karte Berchtesgadener Alpen 1:50 000 (BLVA).

Der Große Hundstod fällt allein schon durch seine markante Form auf: Er erhebt sich über dem flachen Plateau des Steinernen Meeres in Gestalt eines liegenden Hundes und ist dank seiner vorgeschobenen Lage am Nordwestrand des Gebirges ein idealer Aussichtsberg. Seine Zustiegswege sind lang, doch mancher wird dies schätzen, liegt doch auch das Ingolstädter Haus etwas abseits der viel begangenen Route über das Kärlingerhaus in Richtung Pinzgau. Für den Anstieg müssen wir allerdings Trittsicherheit und Schwindelfreiheit mitbringen, wenngleich der Gipfel nicht zu den schwierigen gehört.

Von der Wimbachbrücke zur Wimbachgrieshütte Vom Parkplatz Wimbachbrücke gehen wir zunächst auf einem Fahrweg steil hinauf zum Eingang

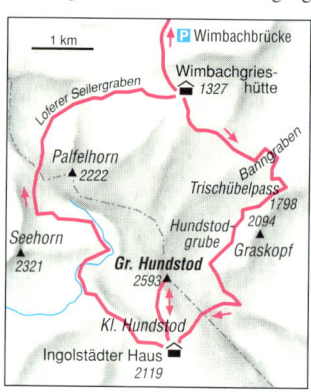

GROSSER HUNDSTOD

der Wimbachklamm. Nachdem wir unseren Obulus entrichtet haben, durchqueren wir die Klamm auf Holzstegen und über Brücken und betreten bald das weite und wilde Wimbachtal. Auf nur langsam ansteigendem und immer breitem Wanderweg (Weg-Nr. 421) erreichen wir dann das Wimbachschloss (937 m). Das ehemalige Jagdschloss dient heute als reizvolle Einkehr am Weg.

Die alpine Kulisse entlang des Weiterweges wird immer dramatischer. Unser Zwischenziel – die Wimbachgrieshütte – ist erreicht.

Der Große Hundstod, von der Hundstodscharte aus gesehen.

Von der Wimbachgrieshütte zum Ingolstädter Haus Von der Hütte folgen wir dem gut markierten Wanderweg (Weg-Nr. 421) ins hinterste Wimbachtal und steigen dann zum Trischübelpass (1798 m) an. Hier halten wir uns rechts und nehmen den steilen Weg (Mark.-Nr. 411) über latschenbewachsene Schrofen hinauf zur Hundstodgrube und zum Hundstodgatterl (2188 m). Nun leicht hinab zu einer erneuten Wegverzweigung und rechts hinauf über Karrenfelder zum Ingolstädter Haus.

Auf den Großen Hundstod Vom Unterkunftshaus wandern wir zunächst über begrüntes Schrofengelände direkt auf den Bergfuß zu. Achtung auf Dolinen und Schneefelder, die bis in den Sommer hinein vorhanden sind! Rechts am Kleinen Hundstod vorbei und auf gut markiertem, aber nun steiler werdendem Steig hinauf zu einer Hochfläche. Weitere steile Passagen schließen sich an – wobei der lose Schotter etwas unangenehm sein kann. Dann folgen steilere Abschnitte hinauf zum schönen Gipfelkreuz, das ein auffälliges Edelweiß schmückt.

Rückkehr auf dem Anstiegsweg.

Alternative Oder man steigt vom Ingolstädter Haus hinab zu den Böden der Mitterkaseralm und folgt dann rechts dem Steig zur Hochwies, der sich links unter der Kühleitenschneid hinauf zum Verbindungsgrat zwischen Palfelhorn und Seehorn zieht. Dort dann rechts über die Wimbachscharte hinab durch den Loferer Seilergraben zur Wimbachgrieshütte.

UNSER TIPP!

Diese Unternehmung lässt sich idealerweise zu einer Rundtour kombinieren. Nach dem Gipfelanstieg Rückkehr zum Ingolstädter Haus, dann über den Trischübelpass hinab nach St. Bartholomä und Rückkehr mit dem Boot. Der Steig hinab zum Königssee führt über die Sigeretplatte, die mit einer Steiganlage gesichert ist (Trittsicherheit und Schwindelfreiheit sind erforderlich).

18 Breithorn (2504 m)

Freier Blick über den Pinzgau hinweg auf die Hohen Tauern und die Kitzbüheler Alpen
Mittel; 8 1/2 Std. bzw. 6 1/2 Std.; 1674 bzw. 1374 Hm im Anstieg

Das Breithorn stellt als Randberg des Steinernen Meeres einen idealen und auch leicht erreichbaren Aussichtsberg dar. Mit einem kurzem Anstiegsweg bildet es den Hüttenberg des Riemannhauses. Das Breithorn ist Station auf dem Saalfeldener Höhenweg, der die Peter-Wiechenthaler-Hütte über das Persailhorn und das Mitterhorn mit dem Riemannhaus verbindet (anspruchsvolle Höhenroute, die absolute Trittsicherheit und Schwindelfreiheit erfordert).

Anstieg von Maria Alm zum Riemannhaus Vom Parkplatz Sanden im oberen Griesbachtal folgen wir zunächst dem ab hier für Kfz gesperrten Schotterweg (Weg-Nr. 425) weiter bis kurz vor die Talstation des Materiallifts des Riemannhauses, wo wir auf den Ramseider Steig treffen, der von Saalfelden heraufkommt.

Wir gehen nun links auf diesem Steig weiter an den Fuß des Sommersteins heran, anschließend über viele Stufen und Kehren und durch Latschenbewuchs hinauf zu einer Felsrippe. Auf dieser gelangen wir in eine Felsschlucht. Mittels einer seilgesicherten Steintreppe überwinden wir die nächsten Felsstufen und kommen so zur Ramseider Scharte und zum Riemannhaus kurz dahinter.

Anstieg von Saalfelden zum Riemannhaus Vom Parkplatz folgen wir zunächst dem Fahrweg in Richtung Kalmbachgraben, bis rechts der ausgeschilderte Ramseider Steig (Weg-Nr. 413) abzweigt. Durch Wald stei-

> **Wissenswertes**
> **Talort/Ausgangspunkt** Saalfelden (744 m). Pkw-Anfahrt: Über Kufstein oder Lofer nach Saalfelden im Pinzgau, am nördlichen Ortsrand in Richtung Schloss Lichtenberg; direkt unterhalb Parkplatz (930 m). Oder von Saalfelden weiter nach Maria Alm, dann am östlichen Ortsausgang links über die Brücke ins Griesbachtal (WW »Riemannhaus«) und hinauf zum Parkplatz Sanden (1130 m), zuletzt über Schotterstraße. Bahn/Bus: Bahn bis Saalfelden, dann zu Fuß.
> **Schwierigkeit** Leichte und breite Wege im Hüttenanstieg, guter Bergsteig zum Gipfel; keine ausgesetzten Stellen, Trittsicherheit aber erforderlich.
> **Gehzeiten** Saalfelden – Riemannhaus 4 Std., Parkplatz Sanden – Riemannhaus 2 1/2 Std.; Riemannhaus – Breithorn 1 1/2 Std., Abstieg ins Tal 3 1/2 Std. bzw. 2 1/2 Std.; Gesamtgehzeit: 8 1/2 Std. bzw. 6 1/2 Std.
> **Einkehr/Übernachtung** Riemannhaus (2177 m, AV-Hütte, von Ende Mai bis Anfang Oktober bewirtschaftet, 22 B., 128 L., Tel. 00 43/65 82/7 33 00).
> **Karte** Berchtesgadener Alpen 1:50 000 (BLVA).

gen wir nun zur Riemannhöhe (1173 m) an und folgen dann dem gut angelegten Steig direkt auf die Felswände des Breithorns zu, bis wir auf den von Maria Alm heraufführenden Weg stoßen. Anschließend weiter wie zuvor beschrieben.

Vom Riemannhaus zum Breithorn Vom Riemannhaus folgen wir zunächst dem Eichstätter Weg (Weg-Nr. 428), der das Riemannhaus mit dem Ingolstädter Haus verbindet. Nach einer Einsenkung treffen wir bald auf eine Wegverzweigung. Wir verlassen den Eichstätter Weg nach links und benützen nun den Steig, der sich gut bezeichnet durch Felsblöcke schlängelt. Im weiteren Verlauf geht es im Zickzack über die gestuften Felsschichten hinauf zum leicht erreichbaren Gipfel mit phantastischer Aussicht.

Abstieg Der Abstieg erfolgt auf einem der beiden Abstiegswege.

UNSER TIPP!

Auf der Rückfahrt sollten Sie nicht versäumen, den beeindruckenden Lamprechtsofenhöhlen einen Besuch abzustatten. (Eintrittsgebühr). Sie befinden sich kurz vor Weißbach bei Lofer (siehe Tour 13). Dort besteht auch eine Einkehrmöglichkeit.

Vom Riemannhaus ist es nur ein Katzensprung auf das Breithorn.

19 Schönfeldspitze (2653 m)

Reizvolle Überschreitung des zweithöchsten Gipfels des Steinernen Meeres
◗ Anspruchsvoll; Zweitagestour/2049 Hm im Anstieg

Die Schönfeldspitze, der zweithöchste Gipfel des Steinernen Meeres und Wahrzeichen der Berchtesgadener Alpen, bietet ein spannendes Felsabenteuer, das jedoch Trittsicherheit und Schwindelfreiheit voraussetzt.

Der Normalweg ist im Gipfelbereich mit Eisenklammern gesichert. Auf dem Gipfel erwartet uns dann nicht das übliche Kreuz, sondern eine geschnitzte überlebensgroße Pietà.

Von St. Bartholomä zum Riemannhaus Von der Bootsanlegestelle links auf breitem und markiertem Weg am Ufer entlang bis an die Felsen der Burgstallwand und zur Schrainbach-Holzstube. Nach Überqueren des Schrainbachs in steilen Kehren weiter hinauf durch Wald bis zur verfallenen Unterlahneralm. Wir verlassen den Wald und steigen zur Steilpassage der so genannten Saugasse an. Nach Erreichen des Hochtals der Oberlahneralm wandern wir durch das »Ofenloch« hinauf zum Funtenseesattel. Dann geht es leicht fallend weiter zum Kärlingerhaus. Auf dem Weiterweg zum Riemannhaus passieren wir den Funtensee, folgen dabei der Wegmarkierung Nr. 413, halten uns bei der nächsten Wegverzweigung rechts und steigen zum Baumgartl (1788 m) an. Auf dem gut ausgebauten Steig erreichen wir schließlich über das Salzburger Kreuz das Riemannhaus.

Anstieg zur Schönfeldspitze Wir folgen zunächst dem markierten Steig (Weg-

---

Wissenswertes

Talort/Ausgangspunkt Berchtesgaden (573 m). Salzburger Autobahn bis zur Ausfahrt Piding, über Bad Reichenhall (schneller über Walserberg und Salzburg Süd) nach Berchtesgaden und weiter nach Königssee; dort gebührenpflichtiger Großparkplatz (620 m). Überfahrt mit Boot nach St. Bartholomä (604 m).

Schwierigkeit Der Hüttenweg zum Kärlingerhaus ist einfach, ebenso der Übergang zum Riemannhaus. Für die Schönfeldspitze sind absolute Trittsicherheit und Schwindelfreiheit Voraussetzung.

Gehzeiten St. Bartholomä – Saugasse – Kärlingerhaus 3 1/2 Std., Übergang zum Riemannhaus 2 1/2 Std., Gipfelüberschreitung 4 1/2 Std., Abstieg ins Tal 4 1/2 Std.; Gesamtgehzeit: 15 Std., Bootsan- und Rückfahrt einplanen.

Einkehr/Übernachtung Kärlingerhaus (1630 m, AV-Haus, von Pfingsten bis Mitte Oktober sowie an Ostern bewirtschaftet, 55 B., 178 L., Tel. 0 86 52/29 95); Riemannhaus (2177 m, AV-Haus, von Ende Mai bis Anfang Oktober bewirtschaftet, 22 B., 128 L., Tel. 00 43/65 82/7 33 00); Gasthaus in St. Bartholomä.

Karte Berchtesgadener Alpen 1 : 50 000 (BLVA).

SCHÖNFELDSPITZE

Nr. 401), der seitlich am Sommerstein gewunden über bucklige Karrenfelder zum Fuß des Wurmkopfs führt. Dort bei der Wegverzweigung rechts weiter über Schutt bis unter die Scharte, die den Wurmkopf und die Schönfeldspitze trennt. Hier am Bergsockel beginnt der eigentliche Klettersteig. Über gut gestuften (manchmal feuchten) Fels hinauf zur Grathöhe. Auf der Südseite des Berges folgen wir dann einem leicht ansteigenden Band nach links und steigen weiter über gestuften Fels bergauf. Ein schwieriges, ausgesetztes Felseck meistern wir mit Hilfe einiger Eisenbügel. Bald mündet der von der Buchauer Scharte heraufführende Steig ein. Auf gemeinsamer Route steigen wir dann die letzten 75 Höhenmeter hinauf zum Gipfel.

Die moderne Pietà auf dem Gipfel der Schönfeldspitze.

Abstieg auf dem Anstiegsweg.

Überschreitung Wer den Gipfel überschreiten will, zweigt bei der Einmündung des Buchauer Steigs links ab (Pfeil als WW) und orientiert sich im weiteren Verlauf an den blauen Markierungen. Zunächst geht es über einen steilen Felsrücken hinab in eine Scharte. Dort folgt man einem leicht ansteigenden Band, überschreitet ein paar Felsköpfe und wendet sich noch vor der Buchauer Scharte (2269 m) nach links, entsprechend dem Wegweiser »Riemannhaus«. Nach der zweiten Weggabelung hält man sich rechts und steigt durch die Schönfeldgrube hinab zum großen Hüttenweg, der nach rechts zum Kärlingerhaus hinableitet.

UNSER TIPP!

Alljährlich am Sonntag nach dem Bartholomäustag (Ende August) beginnt beim Riemannhaus mit einer Bergmesse die große Wallfahrt über das Steinerne Meer nach St. Bartholomä.

HOCHKÖNIG

20 Hochkönig (2941 m)

Im ewigen Schnee und auf den höchsten Gipfel der Berchtesgadener Alpen
Mittel; 8 Std.; 1438 Hm im Anstieg

Auch wenn der Hochkönig mit seinen 2941 Metern das Klassenziel der Dreitausendersammler nicht ganz erreicht, gehört dieser Gipfel dennoch zu den besonderen Tourenzielen. Die Weiträumigkeit und Wüstenhaftigkeit seiner Karrenfelder sowie der Tiefblick auf die grünen Täler und Hügel des Pinzgaus sind beeindruckend.

Vom Arthurhaus auf den Hochkönig Ein breiter Wanderweg führt uns zunächst hinauf zur bewirtschafteten Mitterfeldalm. Dort folgen wir links dem Hüttenweg zum Matrashaus (Weg-Nr. 430) leicht ansteigend – vorbei an den Vierrinnenköpfen – zum Unteren Ochsenkar, das wir rechts umgehen. Auf seiner Nordseite windet sich unser Pfad zur beeindruckenden Torsäule hinauf. Links an dieser seitlich vorbei. Wir erreichen den Kessel des Oberen Ochsenkares und steigen dann auf steinigem Weg hinauf zur Schrammbachscharte, die in Höhe des Kleinen Bratschenkopfes den Übergang zum Firnfeld der Übergossenen Alm vermittelt. Über einige steile Wegpassagen gelangen wir zum Saum des flachen Gletschers. Wir folgen den Wegspuren über den spaltenlosen Gletscher (bei Nebel orientieren wir uns an den aufgestellten Wegstangen). Über das durch Felskuppen gegliederte Plateau erreichen wir den Gipfelaufbau des Hochkönigs. Dieses felsige Hindernis wird mittels einer Steiganlage aus Eisenbügeln, Holzleiter und Eisenkette überwunden. Die letzten Schritte zum direkt auf dem Gipfel stehenden Matrashaus sind dann rasch zurückgelegt.

Abstiegsvariante durch das Birgkar Wer aus dieser Tour eine Runde gestalten will, hat die Möglichkeit, über das Birgkar abzusteigen und über die Wiedersbergalm zum Arthurhaus zurückzukehren. Wir nehmen dazu zunächst die Route (Weg-Nr. 401) in Richtung

HOCHKÖNIG

Der Blick auf das Matrashaus am Gipfel des Hochkönigs.

Herzogsteig, steigen über die Gipfelfelsen hinab zur Übergossenen Alm, halten uns zweimal links und gelangen zum so genannten Fensterl. Hier wiederum links in zahlreichen Serpentinen (Weg-Nr. 433) auf schottrigem Steig – z. T. mit Schneefeldern durchsetzt – hinab ins Birgkar. An vereinzelten Stellen sind Drahtseilsicherungen angebracht.

Nach den steilen Schneefeldern des Birgkars gelangen wir zur Wiedersbergalm und auf den quer führenden Steig, der die ganze Hochkönig-Südseite durchzieht. Links weiter zur Jausenstation (1542 m) und ohne Höhenverlust nahezu eben in östlicher Richtung zurück zum Arthurhaus.

UNSER TIPP!

Zwischen den Bahnstationen Bischofshofen und Saalfelden verkehrt im Sommer ein Wanderbus, der das Arthurhaus und den Dientner Sattel anfährt (ideal, wenn man als Abstieg die Route durch das Birgkar wählt).

Wissenswertes

Talort/Ausgangspunkt Mühlbach am Hochkönig (859 m). Pkw-Anfahrt: Über Bischofshofen oder Lofer und Saalbach nach Mühlbach am Hochkönig, auf steiler, asphaltierter Straße zum Arthurhaus (1502 m); gebührenpflichtiger Parkplatz. Bahn/Bus: Mit der Bahn nach Bischofshofen oder Saalfelden, mit dem Wanderbus (Ende Mai bis Anfang Oktober) über die Hochkönigstraße zum Arthurhaus.

Schwierigkeit Normalroute über Oberes Ochsenkar langer, aber gut markierter Bergwanderweg; Abstiegsvariante durch das Birgkar nur für Trittsichere und Schwindelfreie; der zwar markierte und teilweise gesicherte Steig führt durch steiles Felsgelände; Altschneefelder können Pickel und Steigeisen erforderlich machen.

Gehzeiten Arthurhaus – Hochkönig 5 Std., Abstieg auf dem Normalweg 3 Std.; Gesamtgehzeit: 8 Std.; Abstiegsvariante über das Birgkar 4 Std.

Einkehr/Übernachtung Matrashaus (2941 m, ÖTK-Haus, von Mitte Juni bis Ende Oktober und von März bis Juni an Wochenenden bei Schönwetter bewirtschaftet, 10 B., 122 L., Winterraum 10 L.; Tel. 00 43/64 67/75 66); Arthurhaus (1503 m, Berghotel, privat, 40 B., 24 L., von Anfang Dezember bis Ende April und von Anfang Juni bis Ende September bewirtschaftet, Tel. 00 43/64 67/72 02); Mitterfeldalm (1670 m, privat, 10 B., 82 L., ganzjährig bewirtschaftet, Tel. 00 43/6 63/6 99 43); evtl. Jausenstation Wiedersbergalm (1542 m, im Sommer einfach bewirtschaftet).

Karte Berchtesgadener Alpen 1 : 50 000 (BLVA).

GIPFELZIELE MIT DER BERGBAHN

Weitere Gipfelziele

Im Folgenden werden 22 weitere Gipfel in Kurzform vorgestellt, die teils als »schnelle« Seilbahngipfel, teils als anspruchsvolle Bergtouren beschrieben werden.

Mit der Bergbahn

21 Geiereck (1805 m) und Salzburger Hochthron (1853 m)

Das Geiereck ist ein Vorgipfel des Salzburger Hochthrons und mit einem elf Meter hohen Eisenkreuz geschmückt. Knapp unterhalb davon steht die Bergstation der Untersbergbahn (1776 m). Von der bewirtschafteten Bergstation ist der Gipfel mit einem kurzen Schlenker in wenigen Minuten leicht erreichbar. Für den Übergang von der Bergstation zum Salzburger Hochthron benötigen wir hingegen schon eine knappe halbe Stunde Gehzeit. Auf breitem Wanderweg geht es zunächst in eine Senke hinab, aus der wir jenseits hinauf zum Gipfelkreuz steigen. Beide Gipfel bieten ein ausgezeichnetes Bergpanorama.

Der Salzburger Hochthron ist ein leicht erreichbarer Aussichtsgipfel.

Ausgangspunkt: St. Leonhard bei Salzburg; Parkplätze an der Talstation. Busverbindung von Salzburg und Berchtesgaden.
Anstiegszeit: Einige Minuten bzw. 1/2 Stunde.
Einkehr: Bergstation der Untersbergbahn.

22 Predigtstuhl (1613 m)

Die bereits 1928 errichtete Predigtstuhlseilbahn – sie ist Deutschlands älteste noch original erhaltene Drahtseilbahn – bringt uns in steiler Fahrt direkt auf den Gipfel des Predigtstuhls, der zum Talbecken der Saalach mit einer steilen Felsflanke abfällt. Dieser nordöstliche Vorposten des Lattengebirges bietet einen Schwindel erregenden Tiefblick auf Bad Reichenhall und schöne Ausblicke auf die umliegenden Chiemgauer und Berchtesgadener Alpen. Übergang von der Bergstation auf breitem Wanderweg zum Rasthaus Schlegelmulde.
Ausgangspunkt: Bad Reichenhall-Kirchberg; Parkplätze an der Talstation. Zum Bahnhof Kirchberg wenige Minuten zu Fuß.
Einkehr: Berghotel Predigtstuhl, Rasthaus Schlegelmulde.

23 Jenner (1874 m)

Dieser freistehende, kegelförmige Berg über dem Nordufer des Königssees ist ein Vorgipfel des Göllstocks. Die ganzjährig betriebene Kleinkabinenbahn macht ihn zum beliebtesten Ausflugsgipfel im Berchtesgadener

GIPFELZIELE ZU FUSS

Land. Und das zu Recht: Watzmann, Königssee, Steinernes Meer und Übergossene Alm lassen sich von dort oben in beeindruckenden Ausblicken einfangen. Von der Bergstation der Jennerbahn ist die Aussichtsplattform auf breitem Wanderweg in einer Viertelstunde Gehzeit zu erreichen.

Wer die letzten Meter auch noch zum Gipfelkreuz hinaufsteigen will, braucht gutes Schuhwerk und etwas Trittsicherheit.

Ausgangspunkt: Großparkplatz (gebührenpflichtig) in Königssee; von dort in wenigen Minuten zur Talstation der Jennerbahn.
Anstiegszeit: 15 Minuten.
Einkehr: Bergstation der Jennerbahn.

Blick von der Jenner-Aussichtsplattform auf den Königssee.

24 Toter Mann (1391 m)

Dieser dicht bewaldete Inselberg auf der Südseite des Lattengebirges ist vor allem im Winter ein beliebter Anlaufpunkt für Skifahrer. Aber auch für Wanderer hat er einige – vor allem schattige – Routen zu bieten. Von Hochschwarzeck ist er mit einem Sessellift erschlossen.

Von der Bergstation sind es nur wenige Meter zum Hirschkaser, einer beliebten Einkehrstation mit direktem Blick auf den Hochkalter. Der eigentliche Gipfel liegt etwas abseits davon und ist in einer Viertelstunde auf leichtem Weg zu erreichen. Von der Bergstation folgt man zunächst links dem breiten, talwärts führenden Fahrweg in eine Senke, bis links der schmale Wanderweg zum Gipfel abzweigt. Auf dem freien Gipfel befindet sich die kleine Bezoldhütte (nur Unterstandshütte, siehe Foto Seite 18).

Ausgangspunkt: Talstation der Hirscheck-Sesselbahn in Hochschwarzeck (großer Parkplatz vorhanden). Anfahrt mit RVO-Bus von Berchtesgaden möglich.
Anstiegszeit: 15 Minuten.
Einkehr: Hirschkaser.

Zu Fuß

25 Kneifelspitze (1189 m)

Die Kneifelspitze ragt wie ein kleiner Inselberg aus dem Berchtesgadener Talbecken. Auf dem Gipfel erwartet uns nicht nur ein ganzjährig bewirtschaftetes Wirtshaus, sondern auch eine herrliche Panoramaaussicht auf die Berchtesgadener Berge. Der übliche Anstieg beginnt in Maria Gern bei der Kirche und führt über das Kneifellehen zum Gipfel.

Ausgangspunkt: Maria Gern; Parkplatz bei der Kirche. Anfahrt mit Bus möglich.
Anstiegszeit: 1 Stunde.
Einkehr: Paulshütte.

GIPFELZIELE ZU FUSS

26 Barmsteine (841 m)

Die Barmsteine, diese kleinen felsigen Erhebungen, sind von der Berchtesgadener Seite aus nicht zu sehen, gelten aber als Wahrzeichen des österreichischen Hallein. Auf den Kleinen Barmstein führt ein steiler, mit Treppen und Geländer gesicherter Steig (am Gipfel erwartet uns sogar ein Maibaum), auf den Großen Barmstein leitet ein normaler Bergsteig. Die überraschenden Tiefblicke ins Salzachtal und auf Hallein sind die Mühe wert.

Ausgangspunkte: Kaltenhausen auf der Halleiner Seite oder Zill in der Scheffau.
Anstiegszeit: 1 1/2 bzw. 1 Stunde.

27 Zinkenkopf (1340 m)

Die markante, dicht bewaldete Kuppe des Zinkenkopfs schließt den Berchtesgadener Talkessel nach Osten hin ab. Von ihm bieten sich schöne Ausblicke ins Salzachtal. Von der österreichischen Seite (Bad Dürrnberg) ist der Berg durch einen Sessellift erschlossen. Vom Ausgangspunkt an der Roßfeldstraße führt der Wanderweg zunächst am Waldrand entlang und trifft dann auf die Forststraße, die von der Mautstelle Nord abgeht. Dann steigt man links in Serpentinen hinauf zum Gasthaus an der Bergstation des Sessellifts und links weiter zum Gipfel.

Ausgangspunkt: Kleiner Parkplatz beim Haus Heißbäck an der Roßfeld-Höhenringstraße. Anfahrt auch mit RVO-Bus möglich.
Anstiegszeit: 1 Stunde.
Einkehr: Gasthaus Zinkenstüberl an der Bergstation des Zinkenlifts.

28 Kehlstein (1834 m)

Der Ausflug zum Kehlsteinhaus, Hitlers Teehaus aus der Zeit des Dritten Reichs, bietet einige kleine Höhepunkte: Zuerst ist es die Kehlsteinstraße (die nur mit Spezialbussen befahren werden darf), die auf einer Länge von 6,5 Kilometern den Höhenunterschied von 700 Metern mit nur einer einzigen Kehre überwindet, dann die Fahrt mit dem Aufzug im Gipfelfelsen zum Berggasthaus und schließlich der gewaltige Panoramablick auf die Berchtesgadener Alpen. Die Fahrstraße ist für Fußgänger gesperrt.

Ausgangspunkte: Obersalzberg. Die Busse auf den Kehlstein starten von dort (großer Parkplatz) in halbstündigem Rhythmus. Anfahrt auch mit RVO-Bus möglich. Für den Fußweg Start beim Wirtshaus Sonneck an der Dürrsteinstraße.
Anstiegszeit: 2 1/2 Stunden.
Einkehr: Kehlsteinhaus (Restaurant).

29 Vogelspitz (1287 m)

Der Vogelspitz ist neben dem Luegerhorn die zweite ausgeprägte Erhebung auf der Nordwestseite des Lattengebirges, das hier steil ins Saalachtal abbricht. Von ihm bietet sich ein herrlicher Tiefblick über das Tal hinweg bis zur markanten Spitze des Sonntagshorns. Vom Parkplatz an der Schwarzbachwacht folgt man dem Wirtschaftsweg zur Anthauptenalm (1240 m). Dort links bis zur letzten Almhütte, dann auf schmalem Steig die letzten Meter durch Wald hinauf zum Vogelspitz. Für die Rückkehr

GIPFELZIELE ZU FUSS

nimmt man den Weg Nr. 475 zur Moosenalm. Von dort geht es wieder hinab zur Schwarzbachwacht.
Ausgangspunkt: Schwarzbachwacht (868 m) an der Deutschen Alpenstraße.
Anstiegszeit: 2 Stunden (Rückkehr über Moosenalm 2 1/2 Stunden).
Einkehr: Moosenalm.

30 Weitschartenkopf (1979 m)

Steil nach Nordwesten abbrechender Randberg im Gipfelkranz der Reiter Alm. Hüttenberg der Neuen Traunsteiner Hütte (siehe Tour 10). Leichter Anstieg von dort über Almwiesen, zuletzt durch eine Latschenzone zum Gipfel.
Ausgangspunkt: Oberjettenberg, am Ende der Fahrstraße.
Anstiegszeit: Zur Hütte 4 Stunden, zum Weitschartenkopf 1 Stunde.
Einkehr/Übernachtung: Neue Traunsteiner Hütte.

Die Neue Traunsteiner Hütte auf dem Plateau der Reiter Alm mit dem latschenbewachsenen Weitschartenkopf.

31 Großer Bruder (1864 m)

Auch der Große Bruder ist ein Randberg der Reiter Alm. Während die beiden kleineren »Brüder« den Kletterern vorbehalten sind, führt auf den höchsten der Drei Brüder ein Steig. Trittsicherheit und Schwindelfreiheit sind jedoch Voraussetzung. Anstieg zur Neuen Traunsteiner Hütte wie bei Tour 10. Von dort zuerst auf den Steig zum Weitschartenkopf bis zur Latschenzone, dann links abzweigend auf markiertem Steig zum Gipfel.
Ausgangspunkt: Oberjettenberg, am Ende der Fahrstraße.
Anstiegszeit: Zur Hütte 4 Stunden, zum Großen Bruder 1 Stunde.
Einkehr/Übernachtung: siehe Tour 30.

32 Wagendrischelhorn (2251 m)

Auffällig abgerundeter Felsgipfel – am besten zu sehen von Ramsau aus – und der am leichtesten erreichbare Aussichtsgipfel im Hauptkamm der Reiter Alm. Ideal in Kombination mit Tour 11. Zugang von der Mayrbergscharte: Von der Scharte links über einen gestuften Gras- und Felsbereich zum Südgrat des Wagendrischelhorns, wo man auf die erste mit Drahtseilen gesicherte Passage trifft. Hier beginnt der markierte Schlussspurt auf den zum Ende hin stärker verflachenden Gipfel, wobei man einige schwach exponierte, leichte Risse und Kamine bewältigen muss.
Ausgangspunkt: Engert-Holzstube (siehe Tour 11).
Anstiegszeit: 4 Stunden.
Einkehr: Keine, evtl. Abstieg zur Neuen Traunsteiner Hütte.

GIPFELZIELE ZU FUSS

33 Litzlkogel (1625 m)

Der kleine Abstecher zum Litzlkogel bietet nicht nur ein prächtiges Panorama von der Reiter Alm und dem Hochkaltergebirge, an seinem Anstiegsweg liegt auch die reizvolle bewirtschaftete Litzlalm.

Am Gipfelweg sind Trittsicherheit und Schwindelfreiheit verlangt, eine Passage ist mit Drahtseil gesichert. Forst- und Wanderweg vom Hirschbichlpass zur Litzlalm, von dort im Linksbogen auf einem Wirtschaftsweg bis zu dessen oberem Ende, dann auf einem Steig durch Wald, Latschen und felsige Passagen zum Gipfel.

Ausgangspunkt: Hirschbichlpass (1148 m), siehe Tour 13.
Anstiegszeit: Vom Parkplatz in Hinterthal zur Litzlalm 1 1/2 Stunden, Gipfelanstieg 1 Stunde.
Einkehr/Übernachtung: Litzlalm, Bergheim Hirschbichl.

34 Großes Hundshorn (1702 m)

Großartiger Aussichtsberg auf die Südwestabstürze der Reiter Alm mit Häuselhörnern, Wagendrischelhorn und Stadelhorn im Nordosten und auf die Loferer Steinberge im Westen. Von Pechtl auf bequemem Weg über Bergwiesen und durch Wald zur Hundsalm (1293 m), dort links weiter steil hinauf zum Hundssattel, wo rechts der Gipfelweg abzweigt. Trittsicherheit erforderlich.

Ausgangspunkt: Der Weiler Pechtl (1000 m) im oberen Wildenthal; Zufahrt von St. Martin bei Lofer.
Anstiegszeit: Von Pechtl über die Hundsalm zum Gipfel 2 Stunden.
Einkehr: Keine.

35 Schärtenspitze (2153 m)

Die Schärtenspitze ist der Hüttenberg der Blaueishütte im Hochkaltergebir-

Das Persailhorn ist durch zwei Klettersteige gut erschlossen.

ge. Von dort führt ein markierter, im oberen Bereich mit Drahtseilen gesicherter Steig auf den auffallenden Gipfel mit beeindruckender Aussicht. Achtung: Steinschlaggefahr durch Vorausgehende.

Ausgangspunkt: Wanderparkplätze (gebührenpflichtig) an der Straße von Ramsau nach Hintersee.

Anstiegszeit: Zur Blaueishütte 2 1/2 Stunden, Anstieg zur Schärtenspitze 1 1/2 Stunden.

Einkehr/Übernachtung: Schärtenalm, Blaueishütte.

36 Kammerlinghorn (2484 m)

Das Kammerlinghorn ist ein Vorgipfel des nur 26 Meter höheren Hochkammerlinghorns, das aber bereits Kletterfertigkeit im II. Schwierigkeitsgrad voraussetzt. Der gewaltige Gipfelgrat, der sich vom Hirchbichlpass bis zur Hocheisspitze – der zweithöchsten Erhebung des Hochkaltergebirges – fortsetzt, bricht mit eindrucksvollen Wänden ins Saalachtal ab. Der Anstieg zum Kammerlinghorn verlangt daher eine gute Kondition – immerhin sind 1500 Höhenmeter zu bewältigen – sowie Trittsicherheit und Schwindelfreiheit, bietet aber ein grandioses Bergerlebnis.

Vom Hirschbichlpass wandert man zunächst auf einem Wirtschaftsweg zu den Mittereisalmen (1325 m) und folgt von dort dem markierten Steig (Weg-Nr. 481) entlang der Wasserleitung. Dann geht es in Kehren hinauf zum Eingang des Kleineistals. Dort weist eine auffällige Markierung an einem Felsblock rechts hinauf in Richtung Kammerlinghorn. Über eine steile und grasige Rinne erreicht man den Gratrücken, den so genannten Karlboden (hier befindet sich die Einmündung des von Hinterthal heraufführenden Weges). Nun links auf den Grat weiter und über den Karlkopf (2195 m) und den breiten Grat hinauf zum Kammerlinghorn.

Ausgangspunkt: Hirschbichlpass (1848 m), siehe Tour 13.

Anstiegszeit: Vom Hirschbichlpass über die Mittereisalm 4 Stunden.

Einkehr/Übernachtung: Bergheim Hirschbichl.

37 Persailhorn (2347 m)

Das Persailhorn weist keinen leichten Normalweg auf. Vor Einrichtung der beiden Klettersteige an diesem mächtigen Felsgipfel, der am Westrand der Berchtesgadener Alpen aufragt, war der höchste Punkt nur für sehr Geübte zu erreichen. Der »alte Normalweg« ist mittlerweile wegen Steinschlaggefahr gesperrt. Der leichteste Anstieg ist heute der Wildenthalsteig, eine Variante des alten Steigs, jedoch seit 1993 mit zahlreichen Sicherungsmitteln versehen.

Für schwindelfreie Bergsteiger wurde durch die Südwand ein weiterer Klettersteig eingerichtet. Beide Steige zusammen ergeben eine abwechslungsreiche Runde. Aufstieg vom Ortsteil Bachwinkl.

Ausgangspunkt: Saalfelden, Ortsteil Bachwinkl, großer Wanderparkplatz.

Anstiegszeit: Zur Peter-Wiechenthaler-Hütte 3 1/2 Stunden, zum Persailhorn 2 Stunden.

Einkehr/Übernachtung: Peter-Wiechenthaler-Hütte.

GIPFELZIELE ZU FUSS

Der Hochseiler von der Übergossenen Alm aus gesehen.

38 Hochseiler (2793 m)

Der Hochseiler ist mit seinen 2793 Metern der gewaltigste Felsstock neben dem Hochkönig. Er hat jedoch neben seiner Höhe noch eine weitere Attraktion zu bieten: die Teufelslöcher, zwei riesige Felsenfenster, die den Durchstieg zur Übergossenen Alm und damit zum Hochkönig vermitteln. Von dieser Seite führt auch ein bereits 1903 vom Österreichischen Touristenklub eingerichteter Klettersteig auf den Hochseiler. Eine Überschreitung dieses Gipfels ist nur alpin erfahrenen Bergsteigern zu empfehlen, denn der Mooshammersteig hinab zur Torscharte ist ungesichert und manchmal vereist. Wer dieses Risiko vermeiden will, umgeht den Gipfel auf dem teilweise gesicherten Herzogsteig.

Ausgangspunkt: Hinterthal (1016 m) bei Maria Alm.
Anstiegszeit: Zur Bertgenhütte 2 1/2 Stunden, zum Hochseiler 3 Stunden.
Einkehr/Übernachtung: Bertgenhütte.

39 Taghaube (2159 m)

Hüttenberg der Erichhütte auf der Südseite der Berchtesgadener Alpen mit großartiger Aussicht in die Manndlwände, auf den Hohen Dachstein, den Großglockner und den Rest der Hohen Tauern.

Der Anstieg führt vom Parkplatz in Nähe des Dientner Sattels zunächst hinauf zur Erichhütte. Von dort folgt man der Route zum Hochkönig. Nach einer halben Stunde zweigt der rot markierte Gipfelweg rechts ab. Durch Latschenhänge und zuletzt über felsiges Gelände hinauf zum Gipfel. Trittsicherheit und Schwindelfreiheit erforderlich.

Ausgangspunkt: Parkplatz westlich unterhalb des Dientener Sattels auf ca. 1350 Meter Höhe.
Anstiegszeit: Zur Erichhütte 1/2 Stunde, Gipfelweg zur Taghaube 2 Stunden.
Einkehr/Übernachtung: Erichhütte.

40 Viehkogel (2158 m)

Der mächtig über dem Funtenseekessel aufragende Aussichtsberg lässt sich ideal als Abstecher vom Kärlingerhaus (siehe Tour 19) einplanen. Der unschwierige Anstieg beginnt direkt am großen Unterkunftshaus. Zunächst in westlicher Richtung auf dem Steig, der zum Ingolstädter Haus führt, dann eine große Schuttreiße empor, an deren höchsten Punkt man links den Hüttenweg verlässt, um ins Viehkogeltal zu wandern. Am Westfuß des Berges hinauf zu einer Diensthütte und von dort zu einer Einsattelung. Den höchsten Punkt erreicht man dann problemlos über den grasbewachsenen Gipfelhang.

GIPFELZIELE ZU FUSS

Ausgangspunkt: St. Bartholomä (Überfahrt mit dem Schiff).
Anstiegszeit: Zum Kärlingerhaus 3 1/2 Stunden, zum Viehkogel 1 1/2 Stunden.
Einkehr/Übernachtung: Kärlingerhaus.

41 Funtenseetauern (2578 m)

Er ist einer der großartigsten Aussichtsberge im Steinernen Meer mit Blick auf den Hochkönig im Süden und auf den gesamten Königssee im Norden. Neben dem Viehkogel stellt er den zweiten Hüttengipfel des Kärlingerhauses dar. Für seine Besteigung folgt man zunächst dem Weg Nr. 414 bis zur zweiten Abzweigung, die links in Richtung Stuhljoch (weiterhin rot markiert) führt. Dann überwindet man eine Steilstufe und steigt über karriges Gelände hinauf zum Stuhljoch (2446 m), das man aber nicht betritt, sondern links liegen lässt. Man biegt rechts ab, erreicht einen weiteren Gratsattel und gelangt über eine schmale Gratschneide zunächst auf einen Vorgipfel und dann auf den Hauptgipfel des Funtenseetauern.

Ausgangspunkt: St. Bartholomä (808 m); Anfahrt mit dem Schiff. Siehe dazu auch Tour 19.
Anstiegszeiten: Von St. Bartholomä zum Kärlingerhaus 3 1/2 Stunden, zum Funtenseetauern 3 1/2 Stunden.
Einkehr/Übernachtung: Kärlingerhaus.

42 Kahlersberg (2350 m)

Diese zweithöchste Erhebung des Hagengebirges liegt aufgrund der langen Anstiegswege etwas abseits der üblichen Bergwanderrouten. Zudem erfordert eine Besteigung des Kahlersbergs neben der gebotenen Kondition auch Trittsicherheit und Schwindelfreiheit. Am Gipfelaufbau befinden sich einige Eisenstifte als Sicherungen. Am besten gestaltet man diese Tour als Gipfelrunde. Dabei steigt man über die Priesbergalm an und kehrt über die Gotzenalm wieder zurück.

Von Hinterbrand bzw. von der Jennerbahn-Mittelstation orientiert man sich zunächst an den Wegweisern zu den Priesbergalmhütten und geht von dort weiter auf dem Weg in Richtung Unterer Hirschenlauf. Bei der anschließenden Wegverzweigung im Abwärtsgraben hält man sich links und folgt dem Weg (Weg-Nr. 497) steil bergan in den Stiergraben. Dann geht es am Fuß der Tauernwand entlang zum quer führenden Weg Nr. 416, der links vom Seeleinsee kommt. Nun rechts weiter und hinauf zum Hochgschirrsattel (1949 m). Dort beginnt links der steile Steig hinauf zum Gipfel des Kahlersbergs.

Abstieg: Zunächst zurück zum Hochgschirrsattel und dann links hinab ins Landtal. Bei der folgenden Wegverzweigung hält man sich rechts (Weg. Nr. 493) und gelangt über die Regenalm zum Springlkaser. Über den langen Wirtschaftsweg zurück zum Ausgangspunkt.

Ausgangspunkt: Parkplatz in Hinterbrand (1120 m) bzw. Jennerbahn-Mittelstation.
Anstiegszeiten: Zur Priesbergalm 1 1/2 Stunden, Anstieg zum Kahlersberg 3 Stunden, zur Gotzenalm 2 Stunden, Rückkehr zum Ausgangspunkt 3 Stunden.
Einkehr/Übernachtung: Alpeltalhütte, Jennerhaus, Priesbergalm.

Register

Arthurhaus 52, 53

Barmstein, Kleiner, Großer 56
Berchtesgadener Hochthron 14, 15
Bezoldhütte 19, 55
Blaueishütte 34, 58
Breithorn 48, 49

Carl-von-Stahl-Haus 22, 23, 24

Dreisesselberg 16, 17

Fischunkelalm 28
Funtenseetauern 61

Geiereck 54
Gotzenalm 61
Großer Bruder 57
Grünstein 40, 41
Grünsteinhütte 41

Hallthurm 17
Häuselhorn, Großes, Kleines 30, 31
Hintersee 33, 35, 36, 38
Hinterthal 36
Hocheck 42, 43
Hochkalter 34, 35
Hochkönig 52, 53
Hochschlegel 17
Hochseiler 60
Hoher Göll 20, 21
Hohes Brett 22, 23
Hundshorn, Großes 46, 47
Hundsalm 58
Hundstod, Großer 46, 47

Ingoldstädter Haus 47

Jenner 22, 23, 24, 25, 26, 27, 54, 61

Kahlersberg 61
Kallbrunnalm 36, 38, 39
Kammerlinghorn 59
Karkopf 59
Kärlingerhaus 50, 51
Karlkopf 59
Kehlstein 56
Kleinkalter 35
Kneifelspitze 55
Königsbachalm 22, 23, 27
Königssee 22, 27, 28, 29, 40, 47, 54
Kühkranz 36, 37

Lamprechtsofenhöhlen 49
Litzlalm 58
Litzlkogel

Maria Alm 48, 49
Maria Gern 15, 55
Matrashaus 52
Mitterkaseralm 23, 24, 42
Moosenalm 57

Neue Traunsteiner Hütte 30, 57

Oberjettenberg 30
Obersee 28

Persailhorn 59
Predigtstuhl 54
Priesbergalm 61
Purtschellerhaus 20, 21
Pürzlbach 39

Regenalm 61
Reiter Alm 30, 31, 32, 57
Riemannhaus 48, 49, 50, 51

Saalfelden 48, 59
Salletalm 28

Salzburger Hochthron 12, 13, 54
Schärtenspitze 58, 59
Schellenberger Eishöhle 13
Schlegelalm, Untere, Obere 17
Schneibstein 26, 27
Schneibsteinhaus 27
Schönfeldspitze 50, 51
Schwarzeck 18, 19
Seehorn 38, 39
Seisenbergklamm 36, 37
Söldenköpfl 18, 19
St. Bartholomä 47, 50, 51
Stadelhorn 32, 33
Steinerne Agnes 17
Stöhrhaus 14, 15

Taghaube 61
Teufelshorn, Großes 28, 29
Toni-Lenz-Hütte 12
Torrener Joch 22, 26, 27
Toter Mann 18, 19, 55
Trischübelpass 47

Übergossene Alm 53
Untersberg 12, 13, 14

Vogelspitz 56

Wagendrischelhorn 57
Wasseralm 28, 29
Watzmann 42, 43, 44, 45
Watzmannhaus 42
Weißbach 36
Weitschartenkopf 57
Wiedersbergalm 53
Wimbachgrieshütte 45, 46, 47
Wimbachklamm 45, 47

Zinkenkopf 56

62

Impressum

Bildnachweis
Titelbild: Gipfelglück auf der Watzmann-Mittelspitze.
Abbildung Seite 4/5: Berchtesgaden mit der Watzmannfamilie.
H. Bauregger: S. 3 u., 6, 9, 13, 16, 18, 19, 25, 37, 44 l., 51, 54, 55, 58, 61;
M. Bauregger: S. 38; D. Fuchs: Titelfoto, S. 47; St. Herbke: S. 35, 45, 52;
H. Höfler: S. 21; K. H. Modlmeier: S. 3 o., 60; E. Radehose: S. 2, 17, 29, 31, 44 r., 49; W. Rauschel: S. 4/5, 7, 10 l., 10/11, 14, 23, 26, 27, 32, 40, 41, 42, 57;
M. Waeber: S. 15.

Hinweis
Das vorliegende Buch ist sorgfältig erarbeitet worden. Dennoch erfolgen alle Angaben ohne Gewähr. Weder Autor noch Verlag können für eventuelle Fehler oder Schäden, die aus den im Buch gegebenen Hinweisen resultieren, eine Haftung übernehmen.

Impressum
© 2001 Südwest Verlag, München in der Econ Ullstein List Verlag
GmbH & Co. KG München
Alle Rechte vorbehalten. Nachdruck – auch auszugsweise – nur mit
Genehmigung des Verlages.

Konzeption: Heinrich Bauregger
Textredaktion: Marianne Faiss-Heilmannseder
Projektleitung: Antje Eszerski
Redaktionsleitung: Dr. Reinhard Pietsch
DTP/Satz: Maren Scherer, München
Umschlaggestaltung: Till Eiden
Kartographie: Achim Norweg
Produktion: Manfred Metzger (Leitung), Annette Aatz, Monika Köhler

Printed in Slovakia

ISBN 3-517-06386-X

Tourenübersicht

Leicht

Wanderwege ohne ausgesetzte Abschnitte (d. h. ohne Steilgelände mit Abrutschgefahr). Die Routen sind in der Regel gut markiert bzw. ausgeschildert. Diese Touren können bereits früh im Jahr oder bis in den Spätherbst begangen werden.

- 2 Berchtesgadener Hochthron
- 4 Toter Mann
- 7 Jenner
- 8 Schneibstein
- 13 Kühkranz
- 15 Grünstein
- 25 Kneifelspitze
- 27 Zinkenkopf
- 28 Kehlstein
- 29 Vogelspitz
- 30 Weitschartenkopf

Mittel

Wanderrouten auf z. T. steilen Bergpfaden. Einige ausgesetzte, aber gesicherte Stellen sowie steile Passagen möglich.

- 1 Salzburger Hochthron
- 3 Karkopf
- 6 Hohes Brett
- 10 Großes und Kleines Häuselhorn
- 14 Seehorn
- 18 Breithorn
- 20 Hochkönig
- 26 Barmsteine
- 31 Großer Bruder
- 32 Wagendrischelhorn
- 33 Litzlkogel
- 34 Großes Hundshorn
- 35 Schärtenspitze
- 36 Kammerlinghorn
- 40 Viehkogel
- 42 Kahlersberg

Anspruchsvoll

Steile und oft auch schmale Bergpfade mit Klettersteigeinlagen. Leichte Kletterfertigkeit in unschwierigem Fels erforderlich. Oft ausgesetzt. Neben Trittsicherheit und Schwindelfreiheit auch alpine Erfahrung erforderlich. Diese Touren keinesfalls alleine unternehmen.

- 5 Hoher Göll
- 9 Großes Teufelshorn
- 11 Stadelhorn
- 12 Hochkalter
- 16 Watzmann
- 17 Großer Hundstod
- 19 Schönfeldspitze
- 37 Persailhorn
- 38 Hochseiler
- 39 Taghaube
- 41 Funtenseetauern